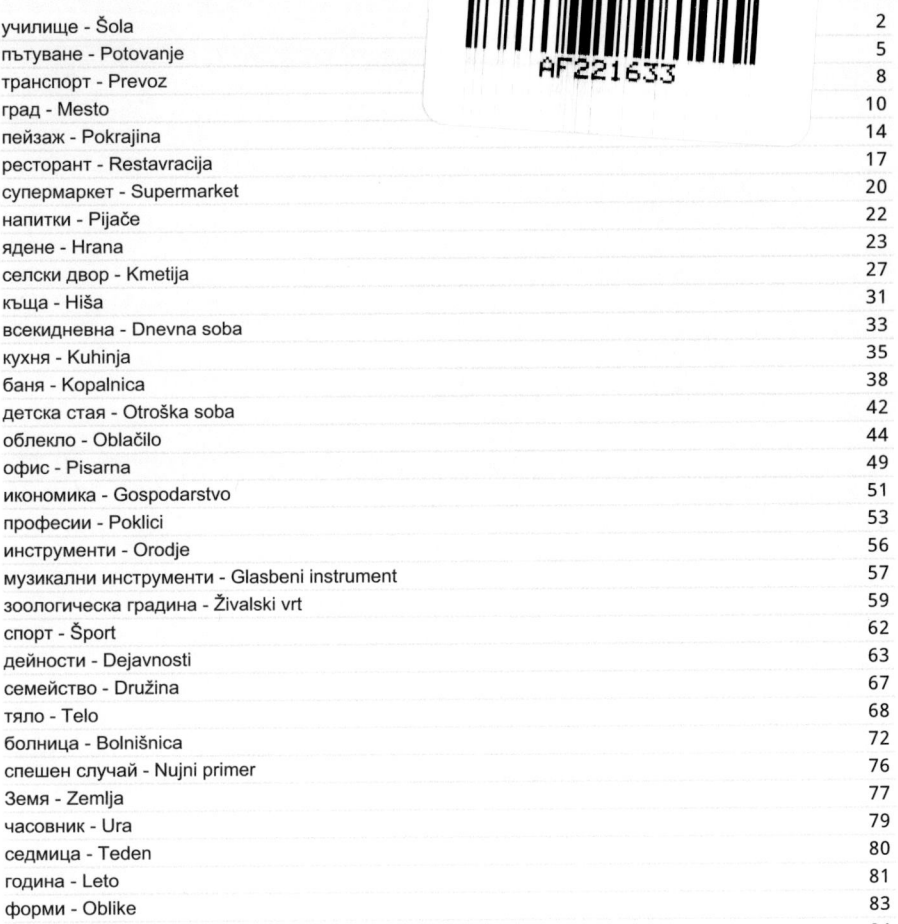

Impressum
Verlag: BABADADA GmbH, Nedderfeld 112 , 22529 Hamburg
Geschäftsführer / Verlagsleitung: Harald Hof
Druck: Books on Demand GmbH, In de Tarpen 42, 22848 Norderstedt

Imprint
Publisher: BABADADA GmbH, Nedderfeld 112 , 22529 Hamburg, Germany
Managing Director / Publishing direction: Harald Hof
Print: Books on Demand GmbH, In de Tarpen 42, 22848 Norderstedt, Germany

училище
Šola

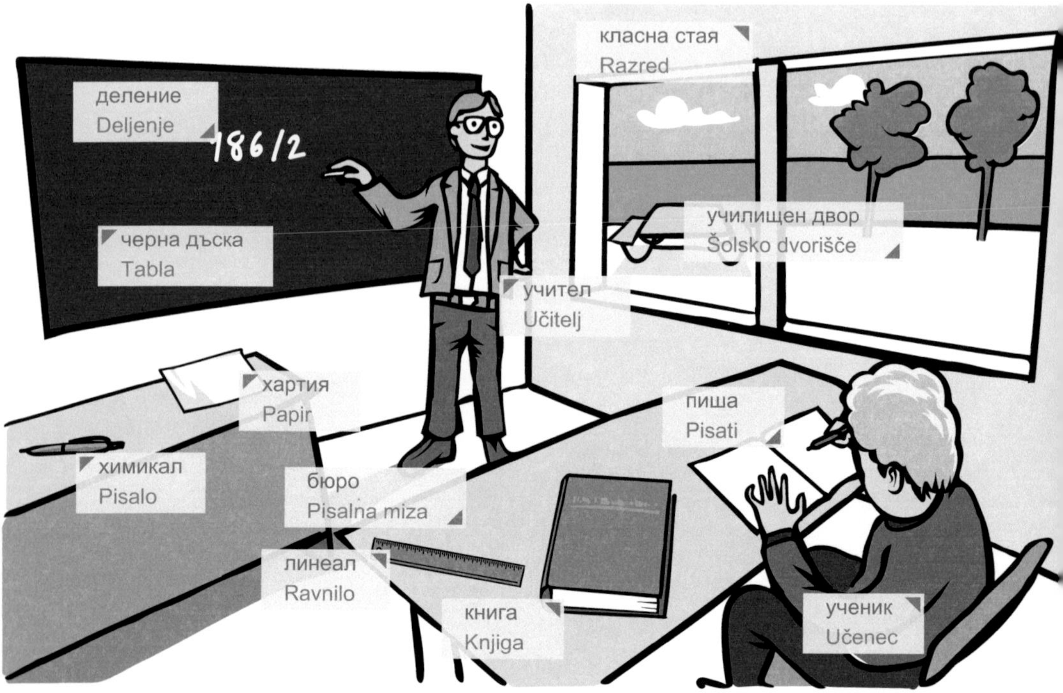

класна стая
Razred
деление
Deljenje
186/2
черна дъска
Tabla
училищен двор
Šolsko dvorišče
учител
Učitelj
хартия
Papir
пиша
Pisati
химикал
Pisalo
бюро
Pisalna miza
линеал
Ravnilo
книга
Knjiga
ученик
Učenec

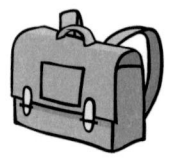

ученическа раница

Šolska torba

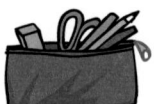

ученически несесер

Peresnica

молив

Svinčnik

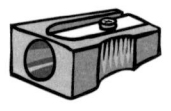

острилка за моливи

Šilček

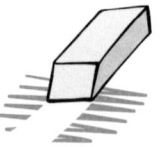

гума

Radirka

блок за рисуване

Risalni blok

рисунка

Risba

четка

Čopič

акварелни бои

Vodene barvice

ножица

Škarje

лепило

Lepilo

тетрадка за упражнения

Zvezek

домашна работа

Domača naloga

число

Število

събиране

Seštevanje

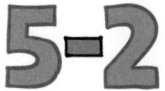

изваждане

Odštevanje

умножение

Množenje

смятане

Računanje

буква

Črka

азбука

Abeceda

дума

Beseda

текст

Besedilo

чета

Brati

тебешир

Kreda

час

Učna ura

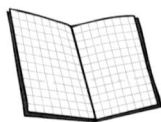

дневник на класа

Redovalnica

изпит

Preizkus znanja

свидетелство

Spričevalo

ученическа униформа

Šolska uniforma

образование

Izobrazba

справочник

Enciklopedija

университет

Univerza

микроскоп

Mikroskop

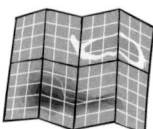

карта

Zemljevid

кошче за хартиени
отпадъци

Koš za smeti

пътуване
Potovanje

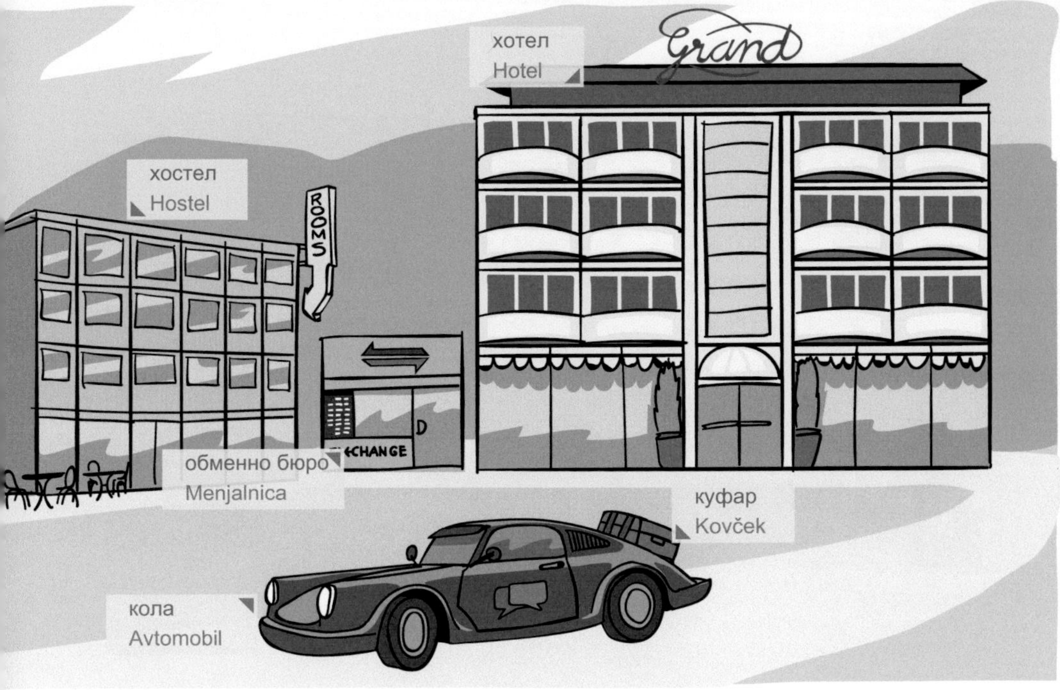
Grand
хотел
Hotel
хостел
Hostel
ROOMS
обменно бюро
Menjalnica
куфар
Kovček
кола
Avtomobil

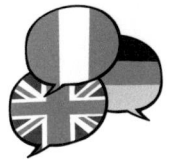

език

Jezik

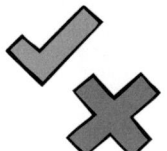

да / не

da / ne

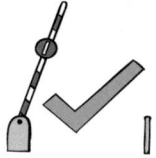

Окей

Prav

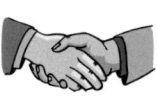

здравей

Pozdravljeni

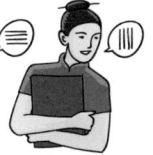

преводач

Prevajalec

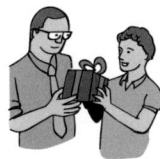

Благодаря

Hvala

Колко струва…?

Koliko stane…?

Не разбирам

Ne razumem

проблем

Težava

Добър вечер!

Dober večer!

Добро утро!

Dobro jutro!

Лека нощ!

Lahko noč!

довиждане

Nasvidenje

посока

Smer

багаж

Prtljaga

пътна чанта

Torba

раница

Nahrbtnik

посетител

Gost

стая

Soba

спален чувал

Spalna vreča

палатка

Šotor

уристическа информация

Turistične informacije

плаж

Plaža

кредитна карта

Kreditna kartica

закуска

Zajtrk

обед

Kosilo

вечеря

Večerja

билет

Vozovnica

асансьор

Dvigalo

пощенска марка

Znamka

граница

Meja

митница

Carina

посолство

Veleposlaništvo

виза

Vizum

паспорт

Potni list

транспорт
Prevoz

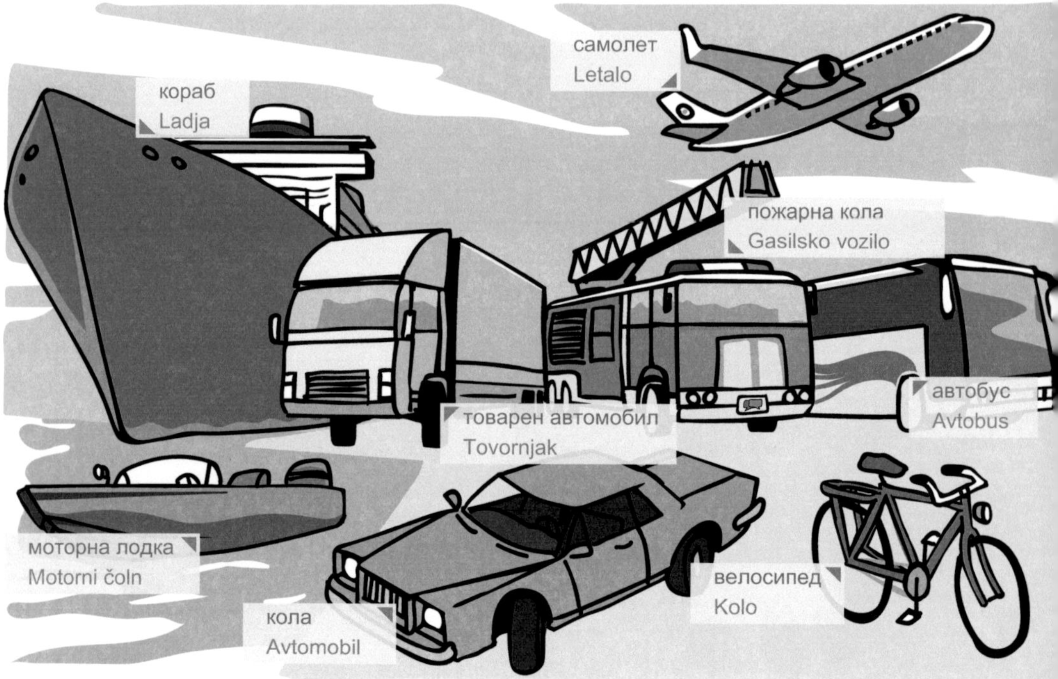

самолет
Letalo

кораб
Ladja

пожарна кола
Gasilsko vozilo

товарен автомобил
Tovornjak

автобус
Avtobus

моторна лодка
Motorni čoln

велосипед
Kolo

кола
Avtomobil

ферибот

Trajekt

лодка

Čoln

мотоциклет

Motorno kolo

полицейска кола

Policijski avto

състезателна кола

Dirkalni avto

кола под наем

Najeto vozilo

каршеринг

Souporaba avtomobila

автомобил от "Пътна помощ"

Avtovleka

сметовоз

Smetarsko vozilo

двигател

Motor

бензин

Gorivo

бензиностанция

Bencinska postaja

пътен знак

Prometni znak

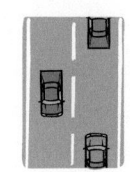

улично движение

Promet

задръстване

Zastoj

паркинг

Parkirišče

гара

Železniška postaja

релси

Tirnice

влак

Vlak

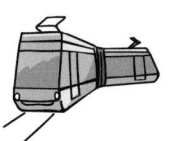

трамвай

Tramvaj

вагон

Vagon

хеликоптер

Helikopter

аерогара

Letališče

кула

Stolp

пасажер

Potnik

контейнер

Kontejner

кашон

Karton

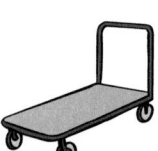

ръчна количка

Voziček

кошница

Košara

излитам / приземявам се

vzleteti / pristati

град

Mesto

село

Vas

градски център

Mestno jedro

къща

Hiša

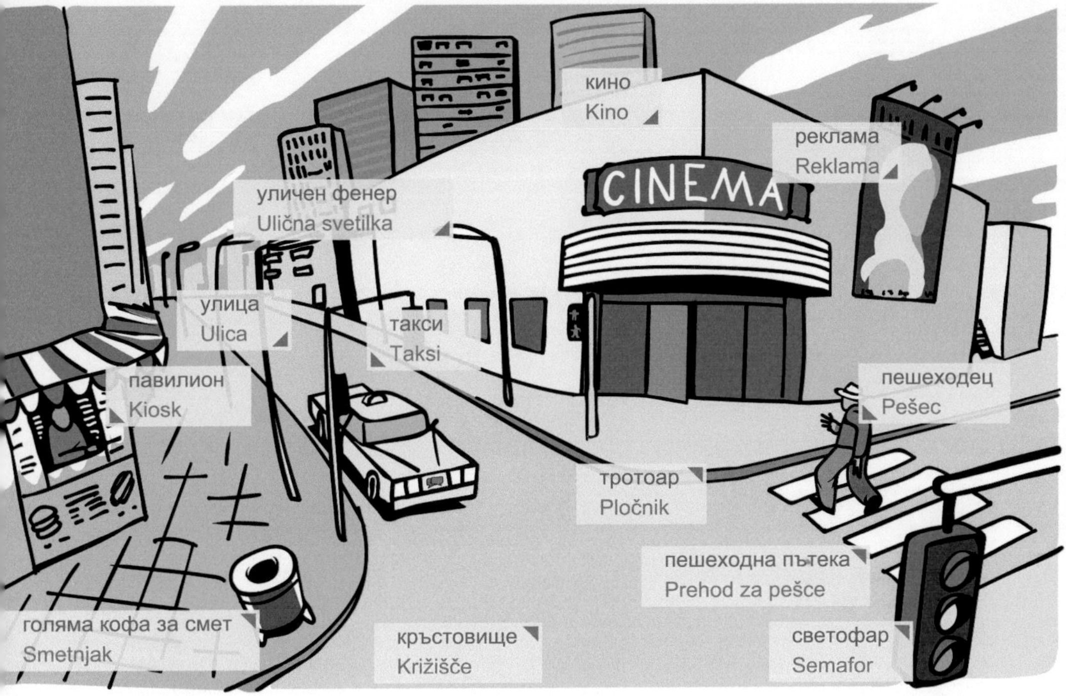
кино
Kino
CINEMA
реклама
Reklama
уличен фенер
Ulična svetilka
улица
Ulica
такси
Taksi
павилион
Kiosk
пешеходец
Pešec
тротоар
Pločnik
пешеходна пътека
Prehod za pešce
голяма кофа за смет
Smetnjak
кръстовище
Križišče
светофар
Semafor

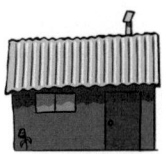

хижа

Koča

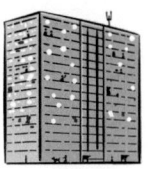

жилище

Stanovanje

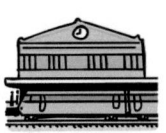

гара

Železniška postaja

кметство

Mestna hiša

MUSEUM

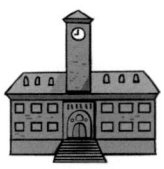

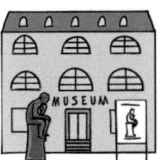

музей

Muzej

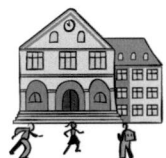

училище

Šola

университет

Univerza

банка

Banka

болница

Bolnišnica

хотел

Hotel

аптека

Lekarna

офис

Pisarna

книжарница

Knjigarna

магазин за цветя

Trgovina

магазин за цветя

Cvetličarna

супермаркет

Supermarket

пазар

Tržnica

универсален магазин

Veleblagovnica

търговец на риба

Ribarnica

търговски център

Nakupovalno središče

пристанище

Pristanišče

парк

Park

пейка

Klop

мост

Most

стълба

Stopnice

метро

Podzemna železnica

тунел

Predor

автобусна спирка

Avtobusno postajališče

бар

Bar

ресторант

Restavracija

пощенска кутия

Poštni nabiralnik

улична табелка

Ulična tabla

часовник за паркинг престой

Parkirna ura

зоологическа градина

Živalski vrt

плувен басейн

Kopališče

джамия

Mošeja

селски двор

Kmetija

замърсяване на околната среда

Onesnaževanje

гробище

Pokopališče

църква

Cerkev

детска площадка

Otroško igrišče

храм

Tempelj

пейзаж
Pokrajina

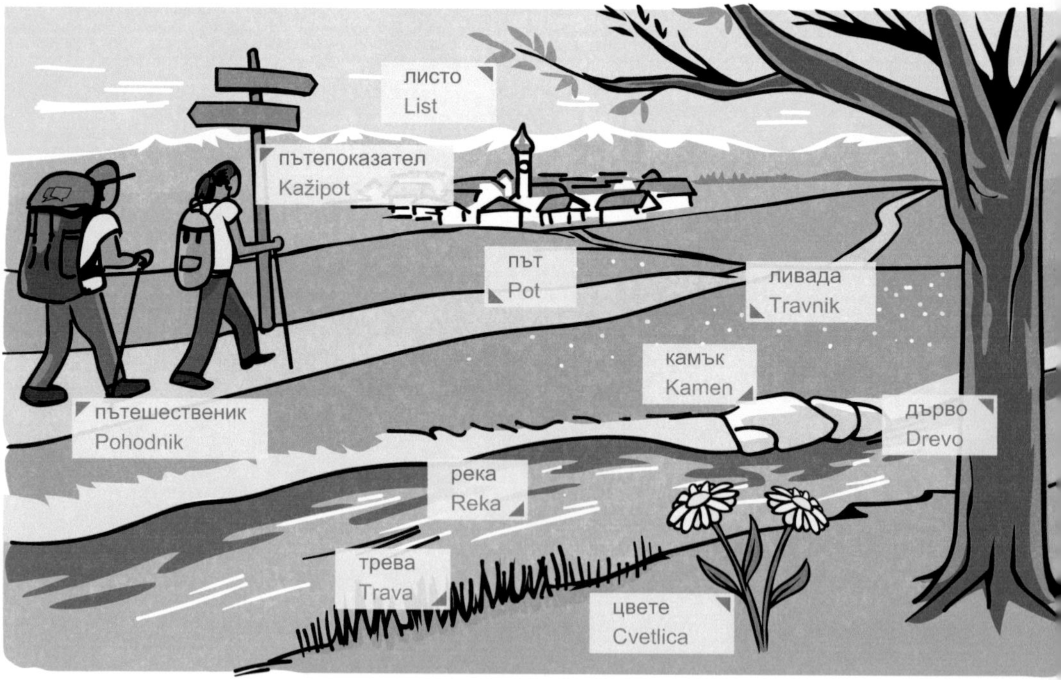

листо
List

пътепоказател
Kažipot

път
Pot

ливада
Travnik

камък
Kamen

дърво
Drevo

пътешественик
Pohodnik

река
Reka

трева
Trava

цвете
Cvetlica

долина

Dolina

планина

Hrib

море

Jezero

гора

Gozd

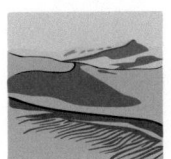

пустиня

Puščava

вулкан

Vulkan

замък

Grad

дъга

Mavrica

гъба

Goba

палма

Palma

комар

Komar

муха

Muha

мравка

Mravlja

пчела

Čebela

паяк

Pajek

бръмбар

Hrošč

жаба

Žaba

катеричка

Veverica

таралеж

Jež

заек

Zajec

кукумявка

Sova

птица

Ptič

лебед

Labod

диво прасе

Divji prašič

елен

Jelen

лос

Los

бент

Jez

вятърна турбина

Vetrnica

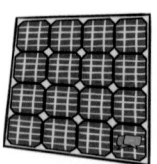

соларен модул

Solarna plošča

климат

Podnebje

ресторант
Restavracija

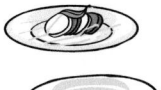

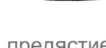

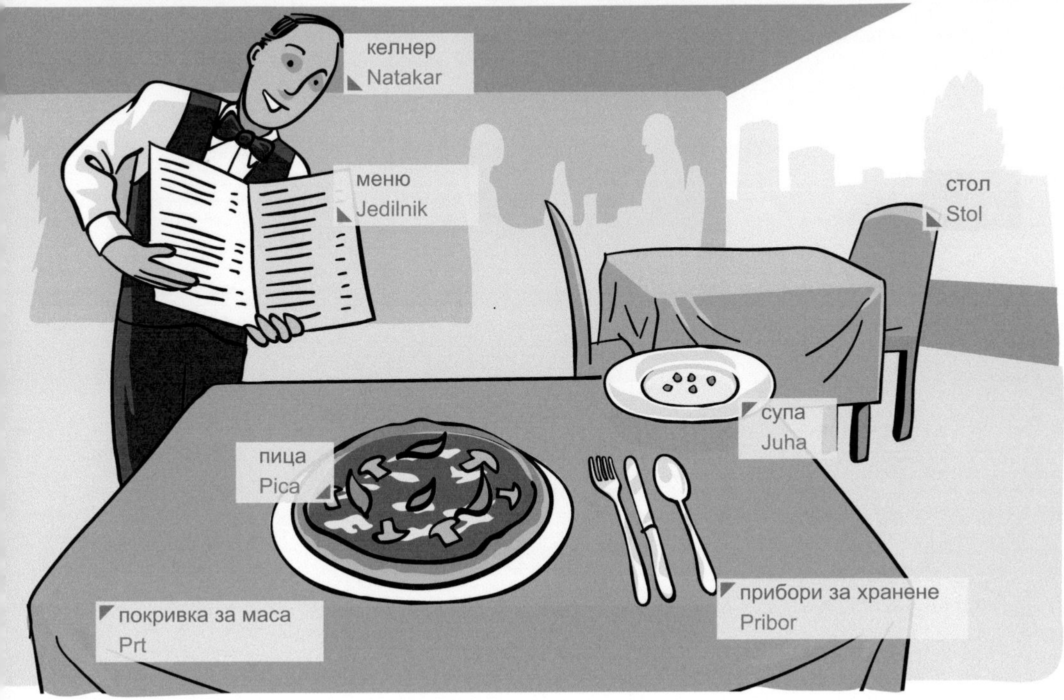
келнер
Natakar
меню
Jedilnik
стол
Stol
супа
Juha
пица
Pica
прибори за хранене
Pribor
покривка за маса
Prt

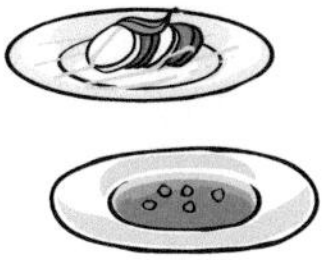

предястие

Predjed

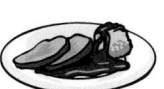

основно ястие

Glavna jed

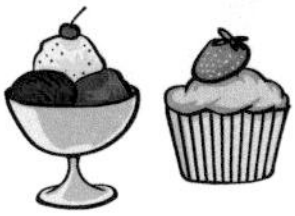

десерт

Sladica

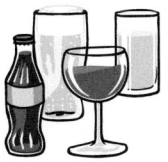

напитки

Pijače

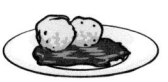

ядене

Hrana

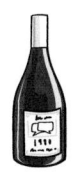

бутилка

Steklenica

бързо хранене

Hitra hrana

улична храна

Ulična hrana

кана за чай

Čajnik

кутия за захар

Sladkornica

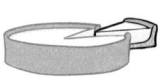

порция

Porcija

еспресо машина

Aparat za espresso

висок детски стол

Stolček za hranjenje

сметка

Račun

табла

Pladenj

ножица за нокти

Nož

вилица

Vilica

лъжица

Žlica

чаена лъжичка

Čajna žlička

салфетка

Servieta

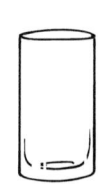

стъклена чаша

Kozarec

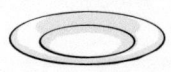

чиния

Krožnik

чиния за супа

Globoki krožnik

чинийка

Krožniček

сос

Omaka

солница

Solnica

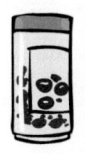

мелничка за черен пипер

Mlinček za poper

оцет

Kis

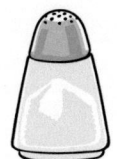

олио

Olje

подправки

Začimbe

кетчуп

Kečap

горчица

Gorčica

майонеза

Majoneza

супермаркет
Supermarket

оферта
Posebna ponudba
FOR
клиент
Stranka
млечни продукти
Mlečni izdelki
плодове
Sadje
количка за покупки
Nakupovalni voziček

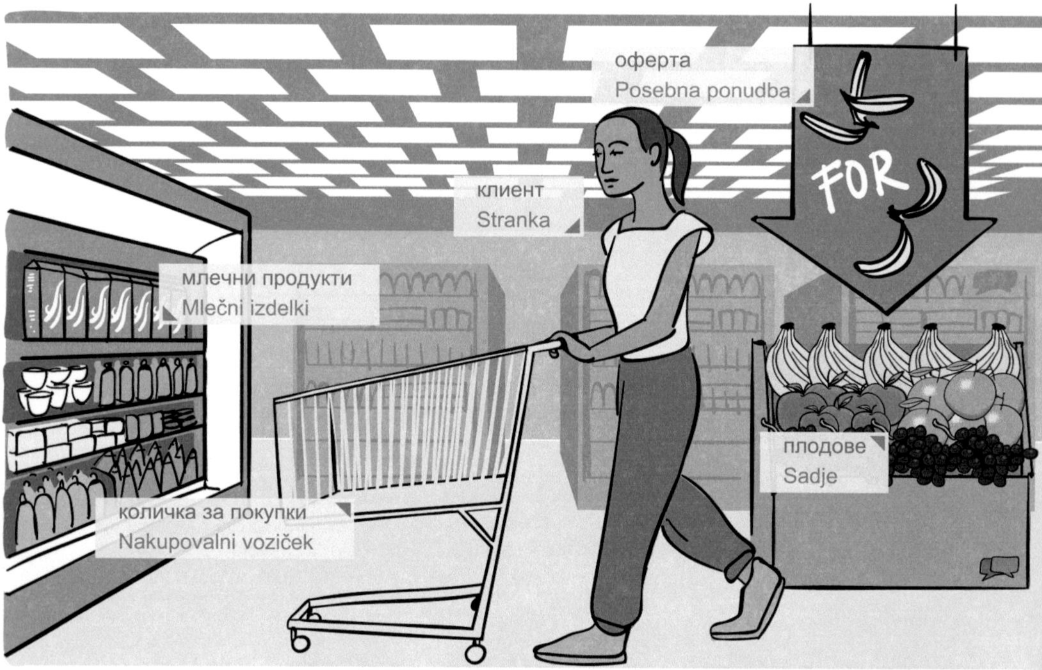

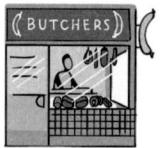

BUTCHERS

кланица

Mesnica

BAKERY

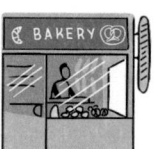

хлебарница

Pekarna

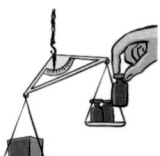

тегля

Tehtati

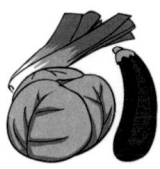

зеленчуци

Zelenjava

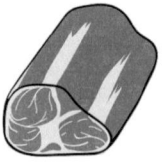

месо

Meso

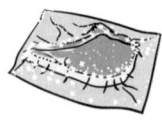

дълбоко замразена храна

Zamrznjena hrana

нарязан колбас или сирене
Hladne mesnine

консерви
Konzerve

перилен препарат
Pralni prašek

лакомства
Sladkarije

домакински изделия
Gospodinjski izdelki

почистващи препарати
Čistilno sredstvo

продавачка
Prodajalka

каса
Blagajna

касиер
Blagajnik

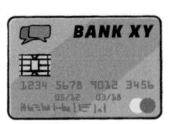

списък на покупките
Nakupovalni seznam

работно време
Delovni čas

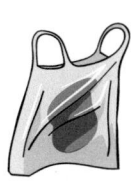

портфейл
Denarnica

кредитна карта
Kreditna kartica

чанта
Torba

пластмасова торба
Plastična vrečka

вода

Voda

сок

Sok

мляко

Mleko

кола

Kola

вино

Vino

бира

Pivo

алкохол

Alkohol

какао

Kakav

чай

Čaj

кафе машина

Kava

еспресо

Espresso

капучино

Kapučino

банан

Banana

ябълка

Jabolko

портокал

Pomaranča

пъпеш

Lubenica

лимон

Limona

морков

Korenje

чесън

Česen

бамбук

Bambus

лук

Čebula

гъба

Goba

ядки

Oreščki

макарони

Rezanci

спагети

Špageti

ориз

Riž

салата

Solata

пържени картофи

Ocvrt krompirček

печени картофи

Pečen krompir

пица

Pica

хамбургер

Hamburger

сандвич

Sendvič

шницел

Zrezek

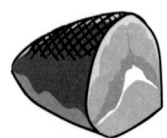

шунка

Šunka

траен колбас

Salama

салам

Klobasa

пиле

Piščanec

печено

Pečenka

риба

Riba

овесени ядки

Ovseni kosmiči

мюсли

Musli

корнфлейкс

Koruzni kosmiči

брашно

Moka

кроасан

Rogljiček

хлебчета

Žemlja

хляб

Kruh

препечена филийка

Prepečenec

бисквити

Piškoti

масло

Maslo

извара

Skuta

сладкиш

Torta

яйце

Jajce

яйца на очи

Pečeno jajce na oko

сирене

Sir

сладолед

Sladoled

захар

Sladkor

мед

Med

мармалад

Marmelada

нуга крем

Čokoladni namaz

къри

Kari

селски двор
Kmetija

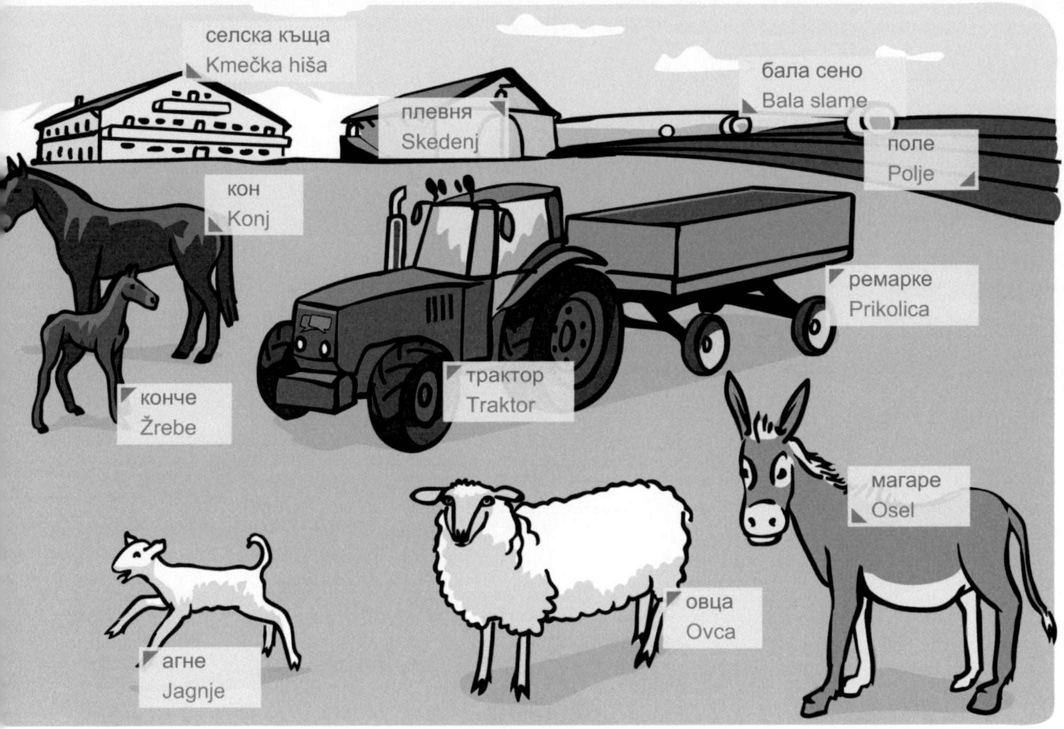
селска къща
Kmečka hiša
бала сено
Bala slame
плевня
Skedenj
поле
Polje
кон
Konj
ремарке
Prikolica
трактор
Traktor
конче
Žrebe
магаре
Osel
овца
Ovca
агне
Jagnje

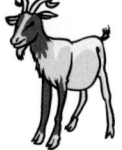

коза

Koza

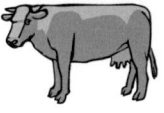

крава

Krava

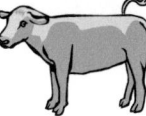

теле

Tele

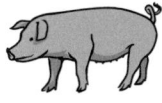

свиня

Prašič

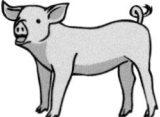

прасенце

Pujsek

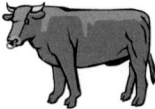

бик

Bik

гъска

Gos

патица

Raca

пиленце

Piščanec

кокошка

Kokoš

петел

Petelin

плъх

Podgana

котка

Mačka

мишка

Miš

вол

Vol

куче

Pes

кучешка колиба

Pasja uta

градински маркуч

Cev za zalivanje

лейка

Kangla za zalivanje

коса

Kosa

плуг

Plug

сърп

Srp

мотика

Motika

вила за тор

Vile

брадва

Sekira

ръчна количка

Samokolnica

корито

Korito

съд за мляко

Kangla za mleko

чувал

Vreča

ограда

Ograja

обор

Hlev

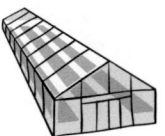

парник

Rastlinjak

земя

Prst

сеитба

Seme

тор

Gnojilo

комбайн

Kombajn

жъна

Žeti

реколта

Žetev

ямс

Jam

жито

Pšenica

соя

Soja

картоф

Krompir

царевица

Koruza

рапица

Oljna ogrščica

овощно дърво

Sadno drevo

маниока

Maniok

зърнени храни

Žito

къща

Hiša

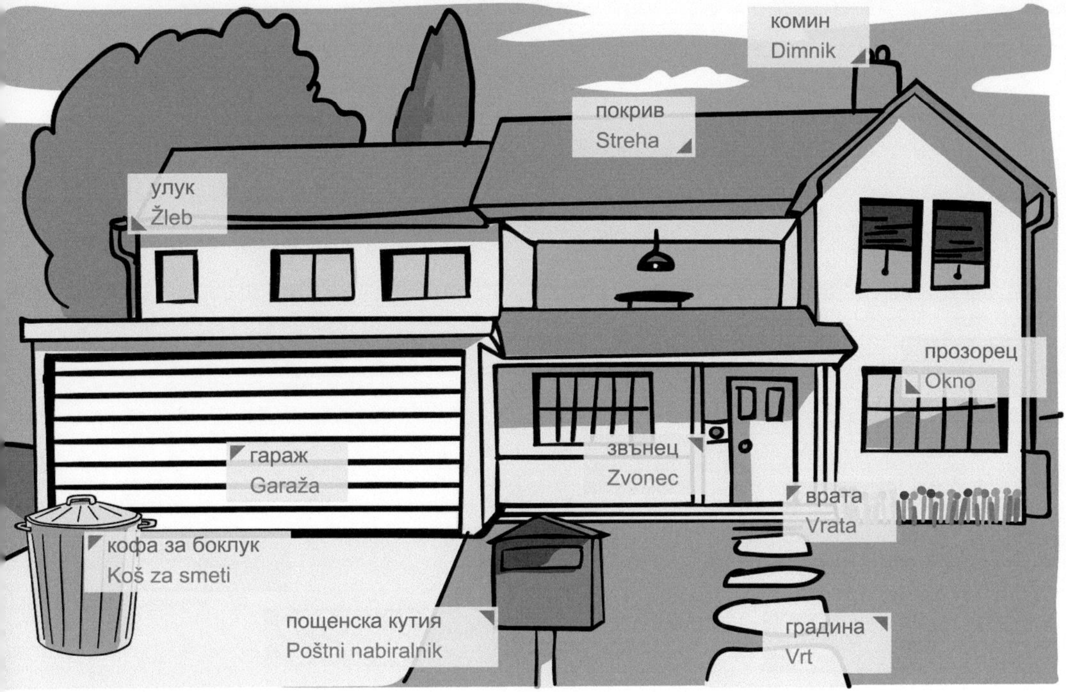
комин
Dimnik
покрив
Streha
улук
Žleb
прозорец
Okno
гараж
Garaža
звънец
Zvonec
врата
Vrata
кофа за боклук
Koš za smeti
пощенска кутия
Poštni nabiralnik
градина
Vrt

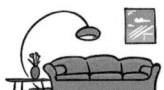

всекидневна

Dnevna soba

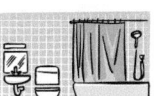

баня

Kopalnica

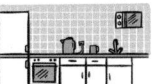

кухня

Kuhinja

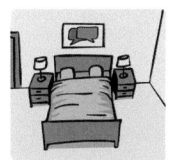

спалня

Spalnica

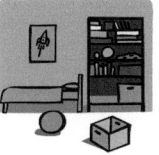

детска стая

Otroška soba

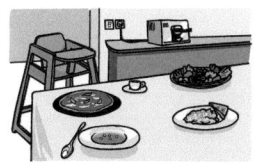

трапезария

Jedilnica

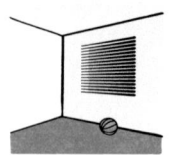

под

Tla

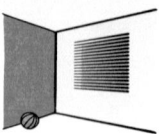

стена

Stena

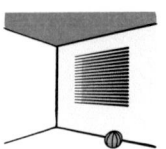

таван

Strop

изба

Klet

сауна

Savna

балкон

Balkon

тераса

Terasa

плувен басейн

Bazen

косачка

Kosilnica

спално бельо

Rjuha

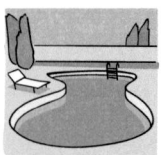

покривка за легло

Posteljno pregrinjalo

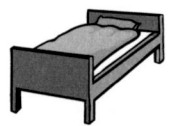

легло

Postelja

метла

Metla

кофа

Vedro

електрически ключ

Stikalo

всекидневна

Dnevna soba

тапет
Tapeta
картина
Slika
лампа
Svetilka
рафт
Polica
шкаф
Omara
телевизор
Televizor
камина
Kamin
цвете
Cvetlica
възглавница
Blazina
канапе
Zofa
ваза
Vaza
дистанционно управление
Daljinski upravljalnik

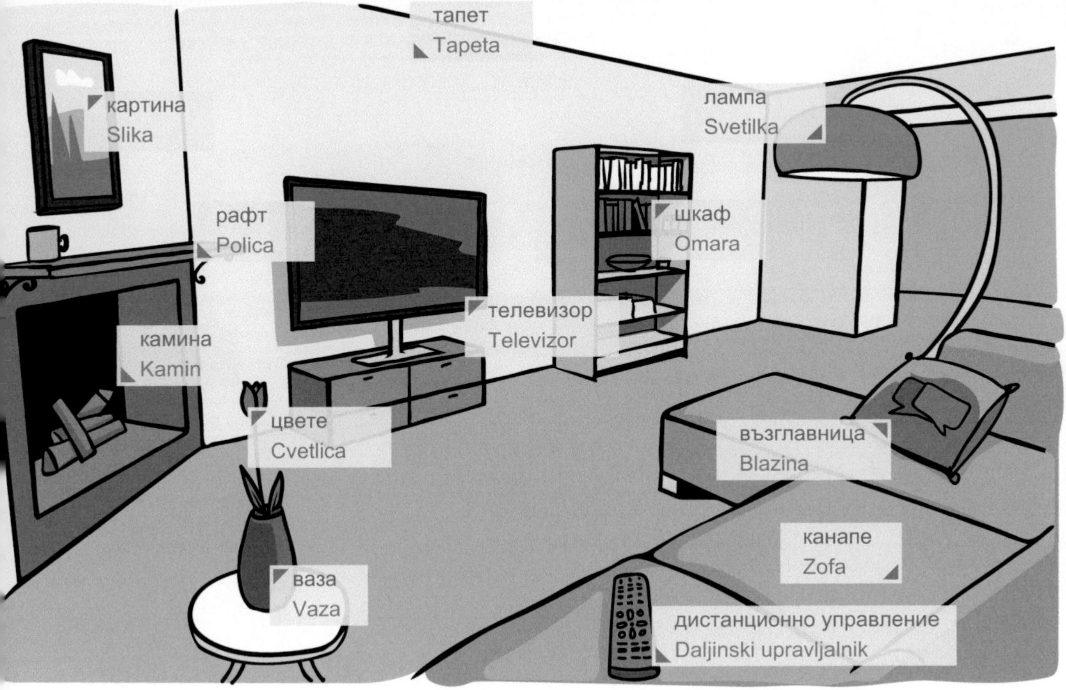

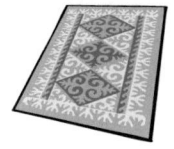

килим

Preproga

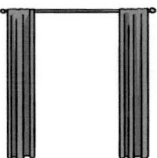

завеса

Zavesa

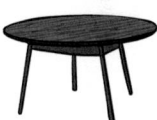

маса

Miza

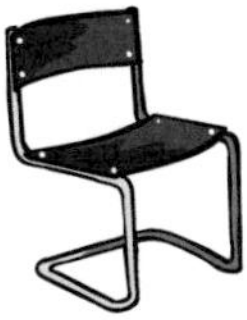

стол

Stol

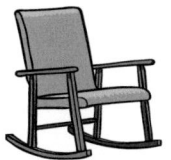

люлеещ се стол

Gugalnik

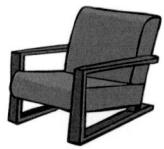

кресло

Naslanjač

книга

Knjiga

одеяло

Odeja

декорация

Dekoracija

дърва за отопление

Drva

филм

Film

стерео уредба

Glasbeni stolp

ключ

Ključ

вестник

Časopis

живопис

Slika

постер

Plakat

радио

Radio

бележник

Beležka

прахосмукачка

Sesalnik

кактус

Kaktus

свещ

Sveča

кухня
Kuhinja

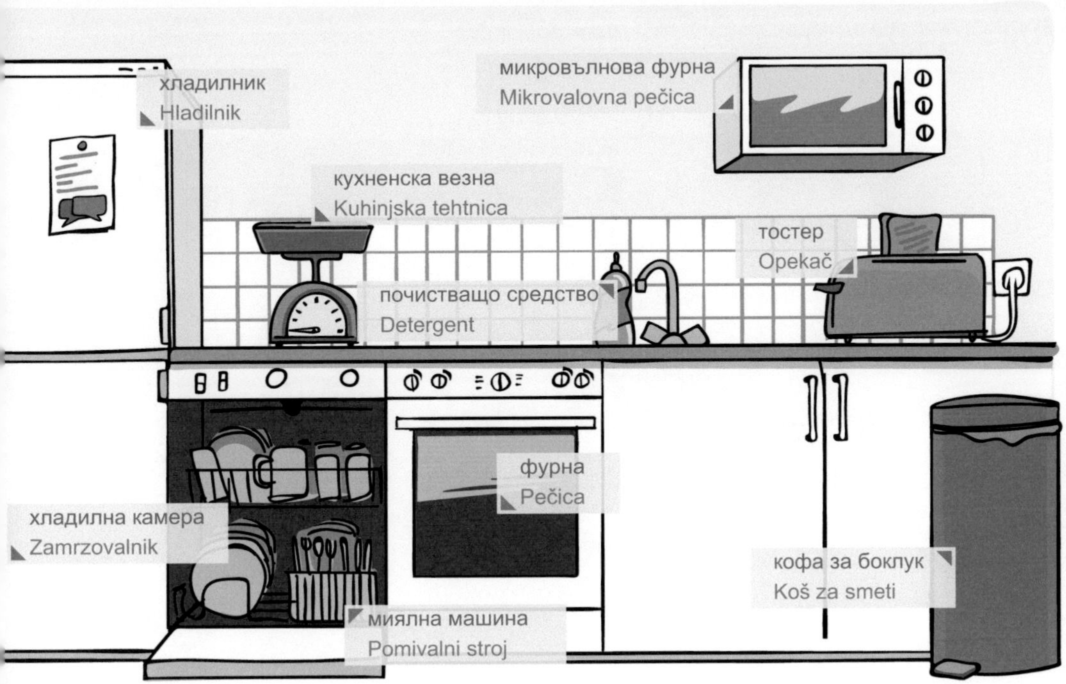

хладилник
Hladilnik
микровълнова фурна
Mikrovalovna pečica
кухненска везна
Kuhinjska tehtnica
тостер
Opekač
почистващо средство
Detergent
фурна
Pečica
хладилна камера
Zamrzovalnik
кофа за боклук
Koš za smeti
миялна машина
Pomivalni stroj

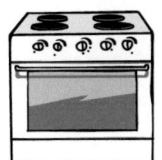

готварска печка

Kozica

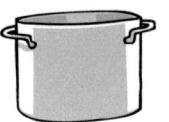

тенджера

Lonec

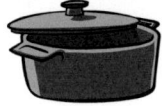

желязна тенджера

Litoželezni lonec

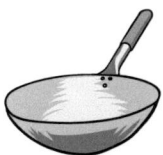

уок / кадаи

Vok / kadai

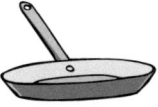

тиган

Ponev

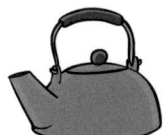

кана за затопляне на вода

Kotliček

уред за готвене на пара

Parni kuhalnik

тава за печене

Pekač

съдове

Posoda

чаша

Skodelica

купа

Skleda

клечки за хранене

Jedilne paličice

черпак

Zajemalka

лопатка за тиган

Lopatica

тел за разбиване (на яйца, белтъци)

Metlica

кошница за варене

Cedilnik

гевгир

Cedilo

ренде

Strgalo

хаван

Možnar

барбекю

Žar

огнище

Ognjišče

дъска

Deska za rezanje

точилка

Valjar

тирбушон

Odpirač za steklenice

кутия

Pločevinka

отварачка за консерви

Odpirač za konzerve

кухненска ръкохватка

Prijemalka za posodo

мивка

Korito

четка

Ščetka

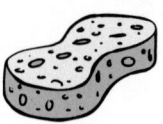

гъба

Goba

миксер

Mešalnik

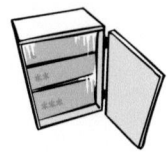

фризер

Zamrzovalna skrinja

бебешко шише

Steklenička

воден кран

Pipa

баня

Kopalnica

отопление
Ogrevanje
хавлиена кърпа
Brisača
душ
Prha
завеса за баня
Zavesa za prho
шампоан за вана
Peneča kopel
вана
Kopalna kad
стъклена чаша
Kozarec
перална машина
Pralni stroj
воден кран
Pipa
плочки
Ploščice
гърне
Kahlica
мивка
Korito

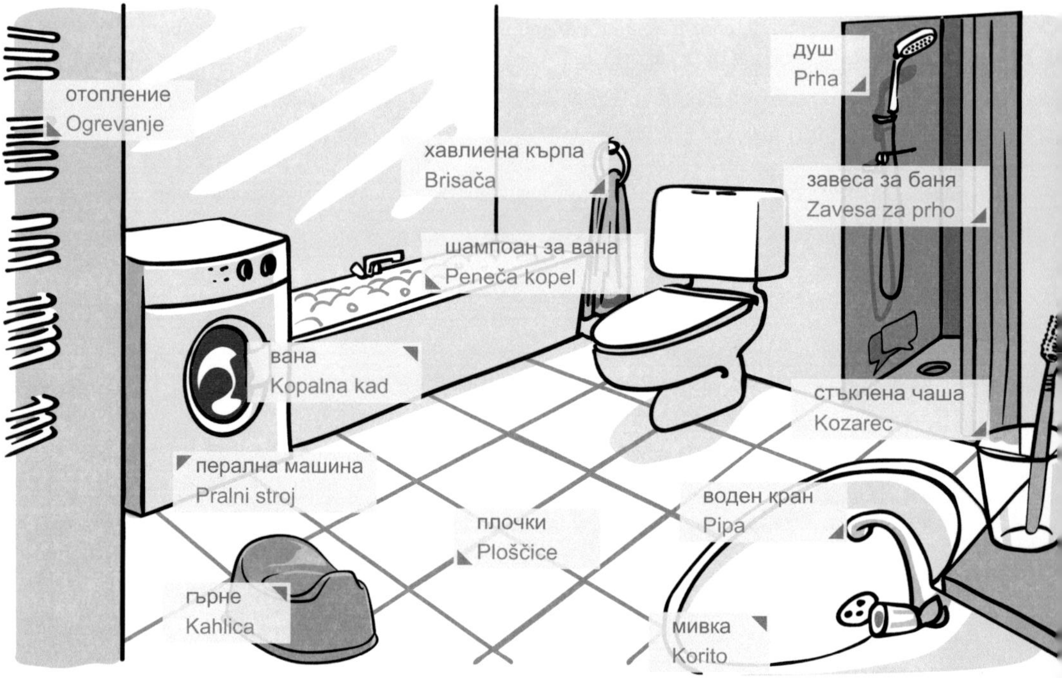

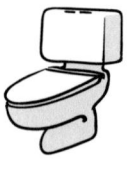

тоалетна

Stranišče

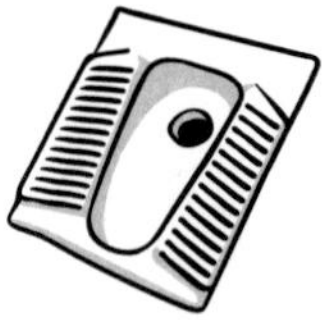

клекало

Stranišče na počep

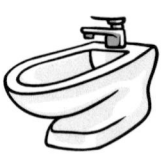

биде

Bide

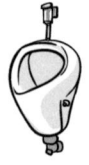

писоар

Pisoar

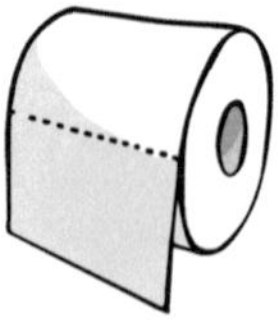

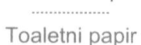

тоалетна хартия

Toaletni papir

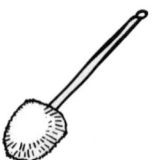

четка за тоалетна

Ščetka za straniščno školjko

четка за зъби

Zobna ščetka

паста за зъби

Zobna pasta

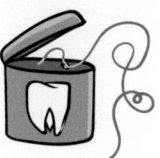

конец за зъби

Zobna nitka

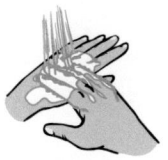

мия

Umiti se

ръчен душ

Ročna prha

интимен душ

Prha za intimne dele

леген

Umivalnik

четка за гръб

Krtača za hrbet

сапун

Milo

душ гел

Gel za prhanje

шампоан за вана

Šampon

гъба за баня

Krpica za miljenje

сифон

Odtok

крем

Krema

дезодорант

Deodorant

огледало

Ogledalo

козметично огледало

Ročno ogledalo

ръчна самобръсначка

Britvica

пяна за бръснене

Pena za britje

одеколон за след
бръснене
Vodica po britju

гребен

Glavnik

четка

Ščetka

сешоар

Sušilnik za lase

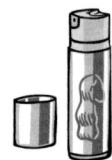

спрей за коса

Lak za lase

грим

Ličila

червило

Šminka

лак за нокти

Lak za nohte

памук

Vatirane blazinice

ножица за нокти

Škarjice za nohte

парфюм

Parfum

тоалетна чантичка

Toaletna torbica

табуретка

Stol brez naslonjala

везна

Osebna tehtnica

хавлия

Kopalni plašč

домакински ръкавици

Gumijaste rokavice

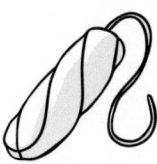

тампон

Tampon

дамски превръзки

Damski vložki

химическа тоалетна

Kemično stranišče

детска стая
Otroška soba

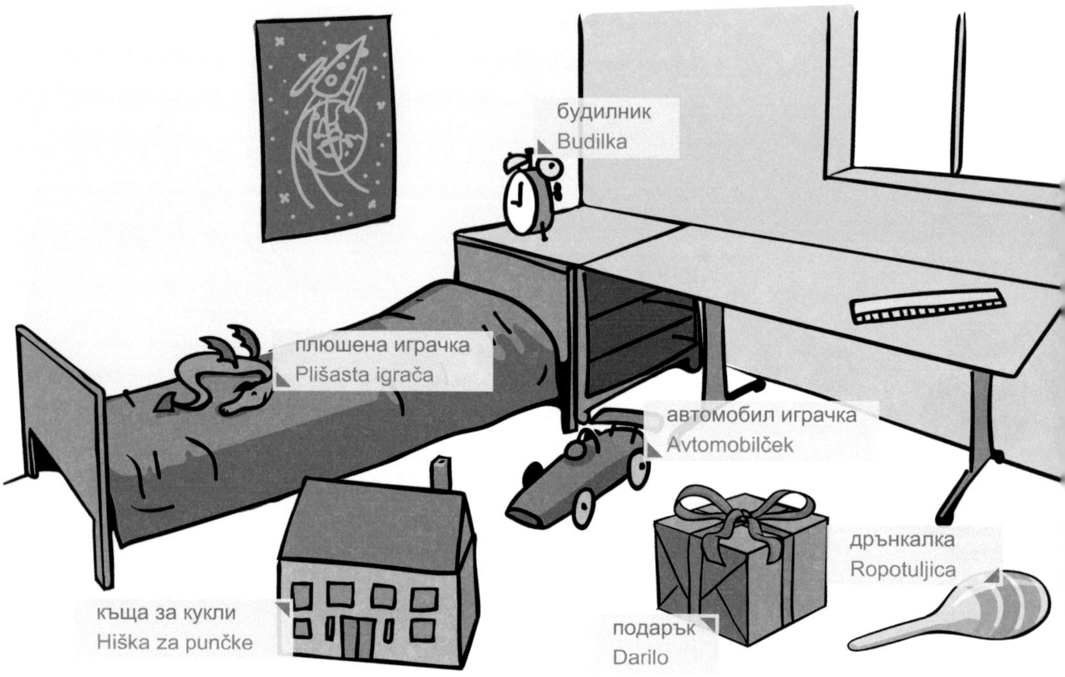
будилник
Budilka
плюшена играчка
Plišasta igrača
автомобил играчка
Avtomobilček
дрънкалка
Ropotuljica
къща за кукли
Hiška za punčke
подарък
Darilo

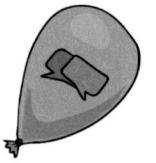

балон

Balon

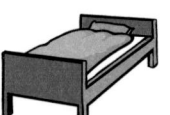

легло

Postelja

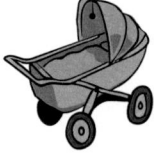

детска количка

Otroški voziček

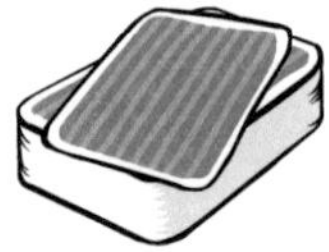

игра на карти

Igralne karte

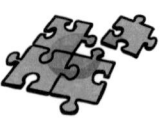

пъзел

Sestavljanka

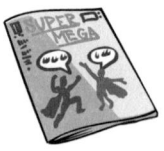

комикс

Strip

лего елементи

Lego kocke

строителни елементи

Igralne kocke

екшън фигурка

Akcijska figura

бебешки гащеризон

Bodi

фрисби

Frizbi

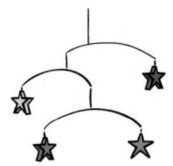

бебешки играчки за легло

Vrtiljak za posteljico

настолна игра

Namizna igra

зарче

Kocka

миниатюрно влакче

Komplet modelov vlakov

биберон

Duda

парти

Zabava

детска книга с илюстрации

Slikanica

топка

Žoga

кукла

Lutka

играя

Igrati se

пясъчник

Peskovnik

люлка

Gugalnica

играчка

Igrače

игрова конзола

Igralna konzola

велосипед с три колелета

Tricikel

плюшено мече

Plišasti medvedek

гардероб

Garderoba

облекло

Oblačilo

къси чорапи

Nogavice

дълги чорапи

Samostoječe nogavice

чорапогащник

Hlačne nogavice

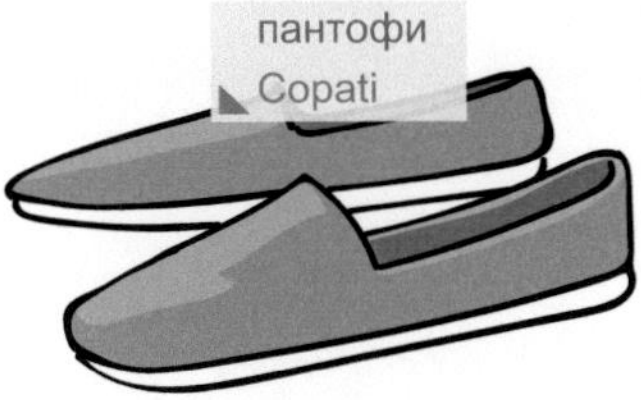

шал
Šal

чадър
Dežnik

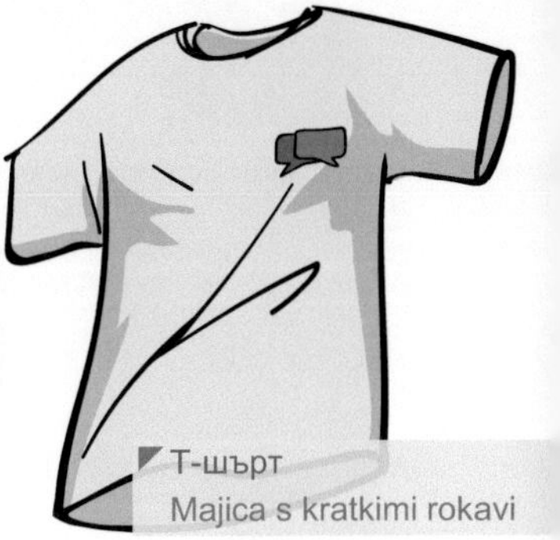

колан
Pas

Т-шърт
Majica s kratkimi rokavi

ботуши
Škornji

пантофи
Copati

гуменки
Športni copati

сандали

Sandali

обувки

Čevlji

гумени ботуши

Gumijasti škornji

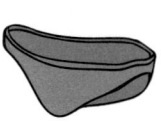

слип

Spodnje hlače

сутиен

Modrček

долна блуза

Telovnik

облекло - Oblačilo

боди

Bodi

панталон

Hlače

дънки

Kavbojke

пола

Krilo

блуза

Bluza

риза

Srajca

пуловер

Pulover

суичър

Pletena jopica

блейзър

Jopa

яке

Jakna

палто

Plašč

дъждобран

Dežni plašč

костюм

Kostim

рокля

Obleka

булчинска рокля

Poročna obleka

костюм

Obleka

нощница

Spalna srajca

пижама

Pižama

сари

Sari

кърпа за глава

Naglavna ruta

тюрбан

Turban

бурка

Burka

кафтан

Kaftan

абая

Abaja

бански костюм

Kopalke

плувни шорти

Kopalne hlače

къс панталон

Kratke hlače

анцуг

Trenirka

престилка

Predpasnik

ръкавици

Rokavice

копче

Gumb

очила

Očala

гривна

Zapestnica

верижка

Verižica

пръстен

Prstan

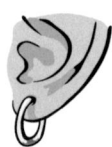

обеца

Uhan

каскет

Kapa

закачалка

Obešalnik

шапка

Klobuk

вратовръзка

Kravata

цип

Zadrga

каска

Čelada

тиранти

Naramnice

ученическа униформа

Šolska uniforma

униформа

Uniforma

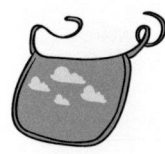

лигавник

Slinček

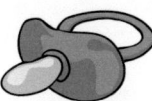

биберон

Duda

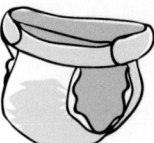

пелена

Plenica

офис

Pisarna

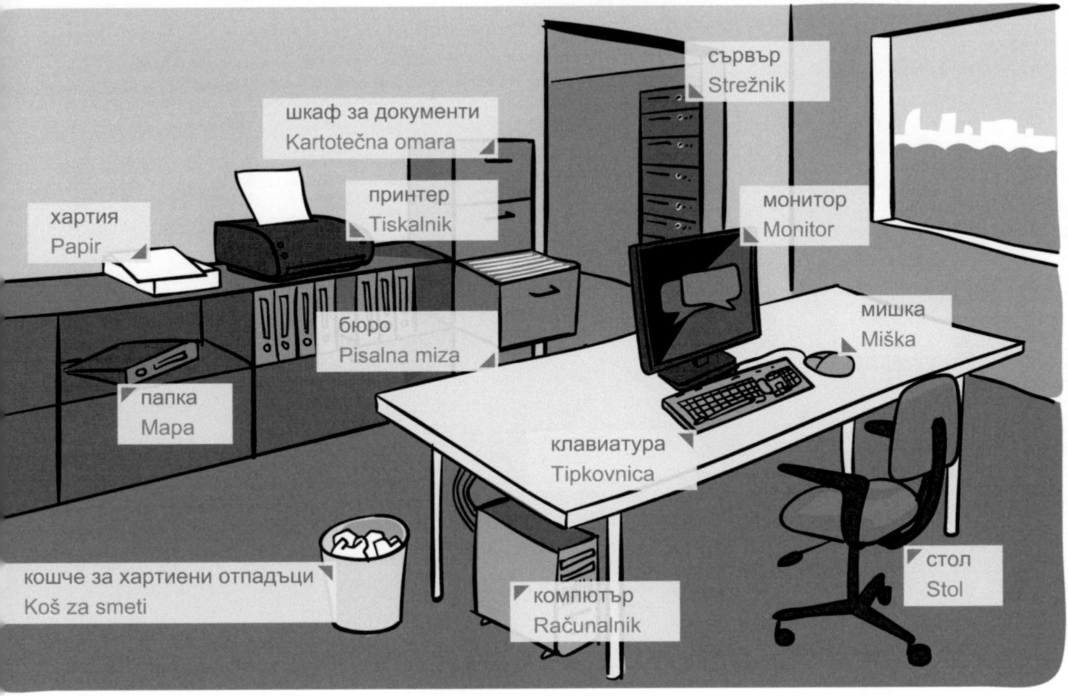

сървър
Strežnik
шкаф за документи
Kartotečna omara
принтер
Tiskalnik
хартия
Papir
монитор
Monitor
мишка
Miška
бюро
Pisalna miza
папка
Mapa
клавиатура
Tipkovnica
стол
Stol
кошче за хартиени отпадъци
Koš za smeti
компютър
Računalnik

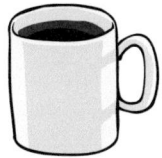

чаша за кафе

Lonček za kavo

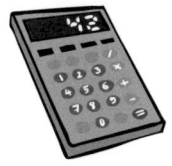

джобен калкулатор

Kalkulator

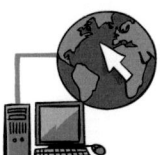

интернет

Internet

лаптоп

Prenosnik

писмо

Pismo

съобщение

Sporočilo

мобилен телефон

Mobilnik

мрежа

Omrežje

ксерокс

Kopirni stroj

софтуер

Programska oprema

телефон

Telefon

контакт

Vtičnica

факс

Telefaks

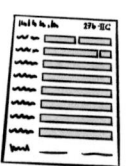

формуляр

Obrazec

документ

Dokument

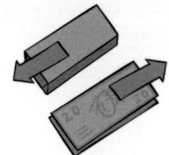

купувам

Kupiti

плащам

Plačati

търгувам

Trgovati

пари

Denar

долар

Dolar

евро

Evro

йена

Jen

рубла

Rubelj

швейцарски франк

Švičarski frank

ренминби юан

Kitajski juan renminbi

рупия

Rupija

банкомат

Bankomat

обменно бюро

Menjalnica

злато

Zlato

сребро

Srebro

нефт

Nafta

енергия

Energija

цена

Cena

договор

Pogodba

данък

Davek

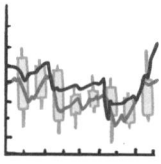

акция

Delnice

работя

Delati

служител

Delojemalec

работодател

Delodajalec

фабрика

Tovarna

магазин за цветя

Trgovina

професии
Poklici

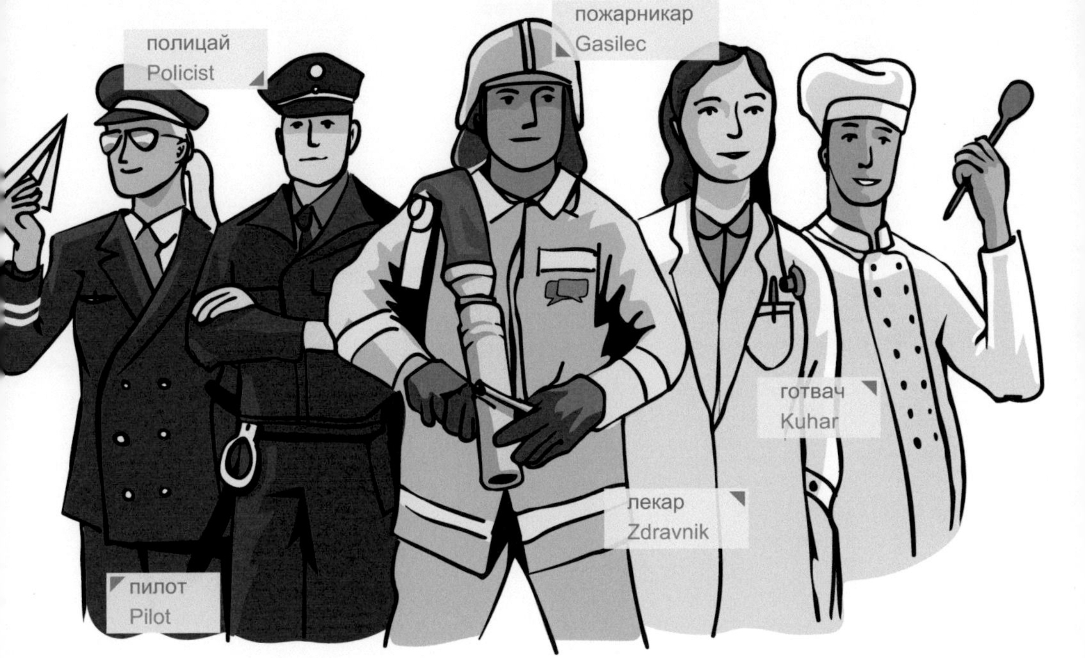

полицай
Policist
пожарникар
Gasilec
готвач
Kuhar
лекар
Zdravnik
пилот
Pilot

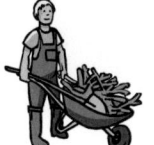

градинар

Vrtnar

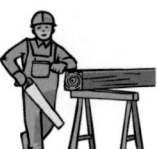

мебелист

Mizar

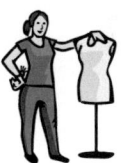

шивачка

Šivilja

съдия

Sodnik

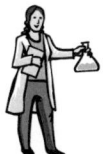

химик

Kemik

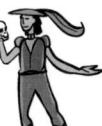

артист

Igralec

шофьор на автобус

Voznik avtobusa

шофьор на такси

Taksist

рибар

Ribič

чистачка

Čistilka

майстор на покриви

Krovec

келнер

Natakar

ловец

Lovec

художник

Pleskar

хлебар

Pek

електротехник

Električar

строителен работник

Gradbenik

инженер

Inženir

касапин

Mesar

тенекеджия

Vodovodni inštalater

пощальон

Poštar

войник

Vojak

архитект

Arhitekt

касиер

Blagajnik

цветар

Cvetličar

фризьор

Frizer

кондуктор

Sprevodnik

механик

Mehanik

капитан

Kapitan

зъболекар

Zobozdravnik

научен работник

Znanstvenik

равин

Rabin

има̀м

Imam

монах

Menih

свещеник

Duhovnik

инструменти
Orodje

клещи
Klešče
чук
Kladivo
отвертка
Izvijač
джобна лампа
Žepna svetilka
гаечен ключ
Vijačni ključ

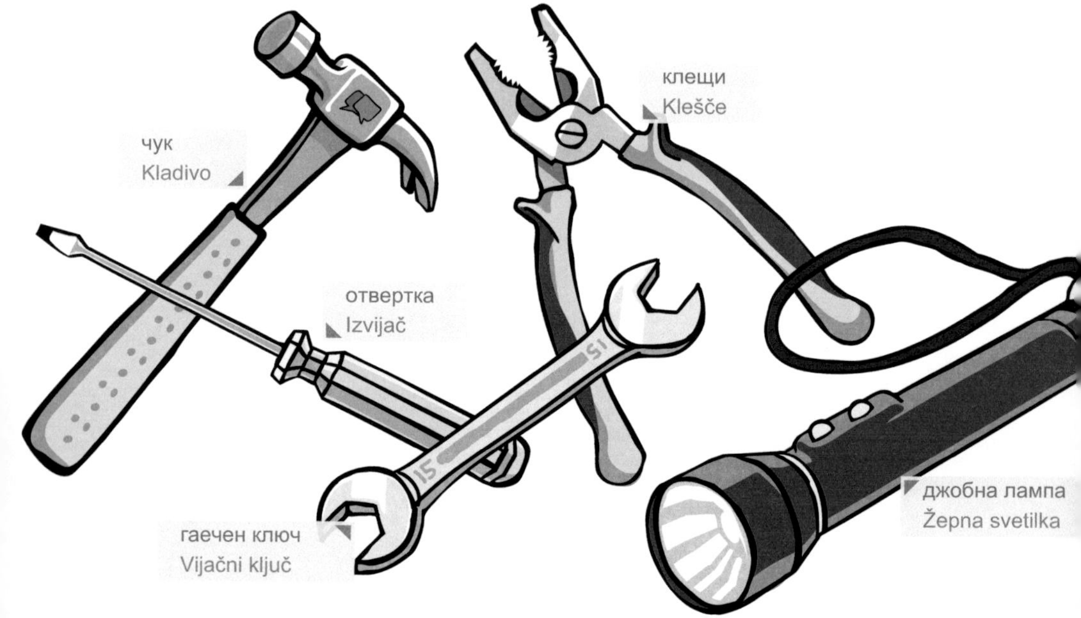

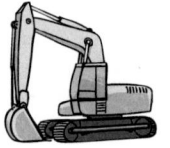

багер

Bager

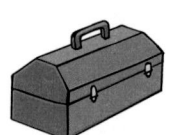

кутия за инструменти

Zaboj z orodjem

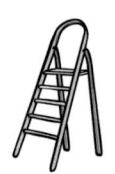

стълба

Lestev

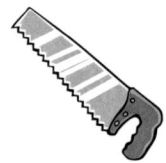

трион

Žaga

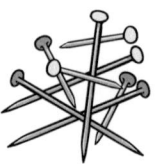

пирони

Žeblji

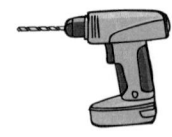

бормашина

Vrtalnik

ремонтирам

Popraviti

лопата

Lopata

По дяволите!

Šment!

лопатка за смет

Smetišnica

кутия за боя

Posoda z barvo

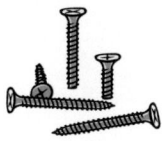

болтове

Vijaki

музикални инструменти
Glasbeni instrument

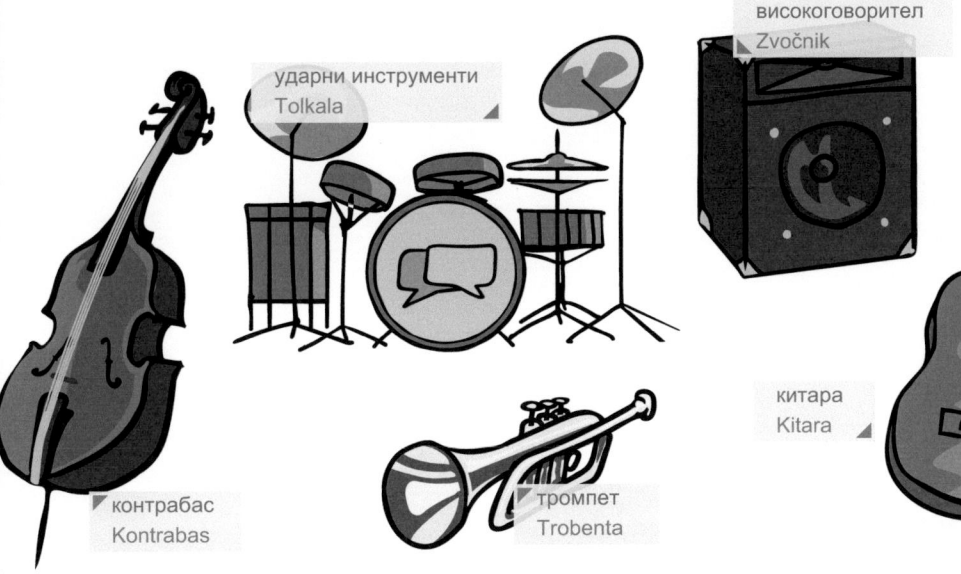

высокоговорител
Zvočnik

ударни инструменти
Tolkala

китара
Kitara

контрабас
Kontrabas

тромпет
Trobenta

пиано

Klavir

виолина

Violina

контрабас

Bas kitara

тимпан

Pavke

барабан

Bobni

електрическо пиано

Sintetizator

саксофон

Saksofon

флейта

Flavta

микрофон

Mikrofon

зоологическа градина

Živalski vrt

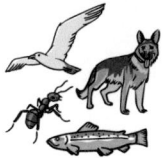

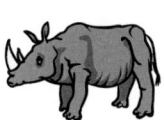

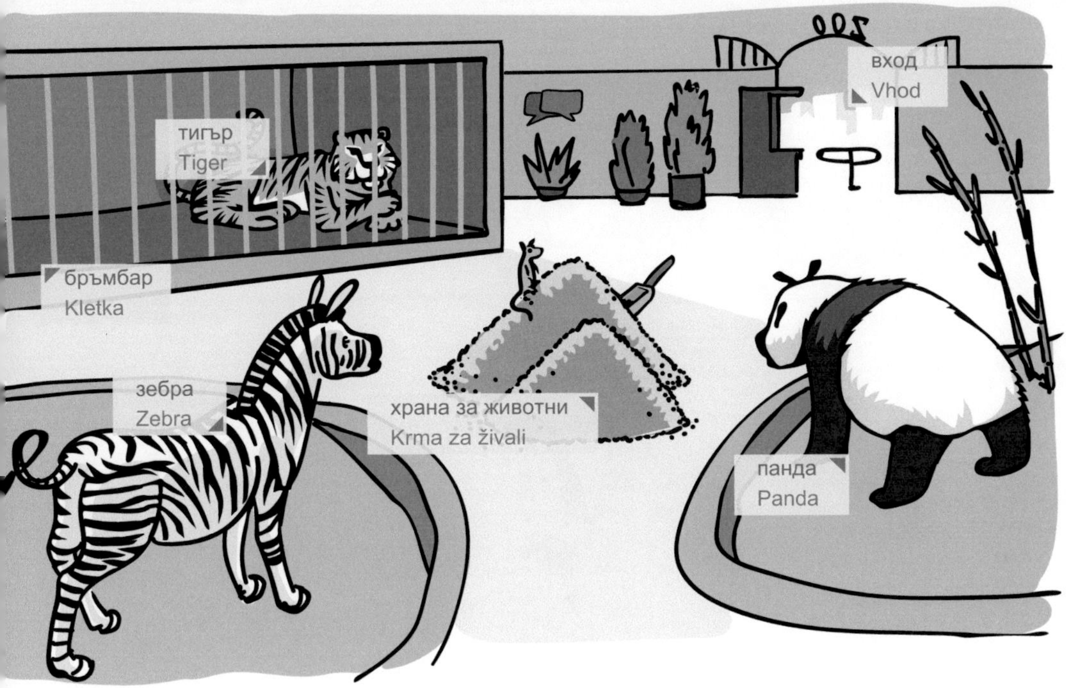

zoo
вход
Vhod
тигър
Tiger
бръмбар
Kletka
зебра
Zebra
храна за животни
Krma za živali
панда
Panda

животни

Živali

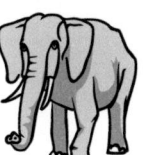

слон

Slon

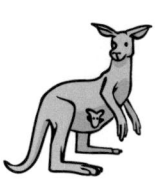

кенгуру

Kenguru

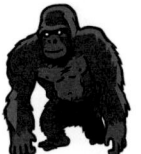

носорог

Nosorog

горила

Gorila

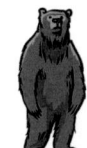

мечка

Medved

камила

Kamela

щраус

Noj

лъв

Lev

маймуна

Opica

фламинго

Plamenec

папагал

Papagaj

бяла мечка

Severni medved

пингвин

Pingvin

акула

Morski pes

паун

Pav

змия

Kača

крокодил

Krokodil

пазач в зоологическа
градина

Oskrbnik v živalskem vrtu

тюлен

Tjulenj

ягуар

Jaguar

пони

Poni

леопард

Leopard

хипопотам

Povodni konj

жираф

Žirafa

орел

Orel

диво прасе

Divji prašič

риба

Riba

костенурка

Želva

морж

Mrož

лисица

Lisica

газела

Gazela

американски футбол
Ameriški nogomet

колоездене
Kolesarjenje

тенис
Tenis

баскетбол
Košarka

плуване
Plavanje

бокс
Boks

хокей на лед
Hokej

футбол

Nogomet

бадминтон

Badminton

лека атлетика

Atletika

хандбал

Rokomet

ски бягане

Smučanje

поло

Polo

дейности
Dejavnosti

смея се
Smejati se
скачам
Skočiti
прегръщам
Objeti
вървя
Hoditi
пея
Peti
сънувам
Sanjati
моля се
Moliti
целувам
Poljubiti

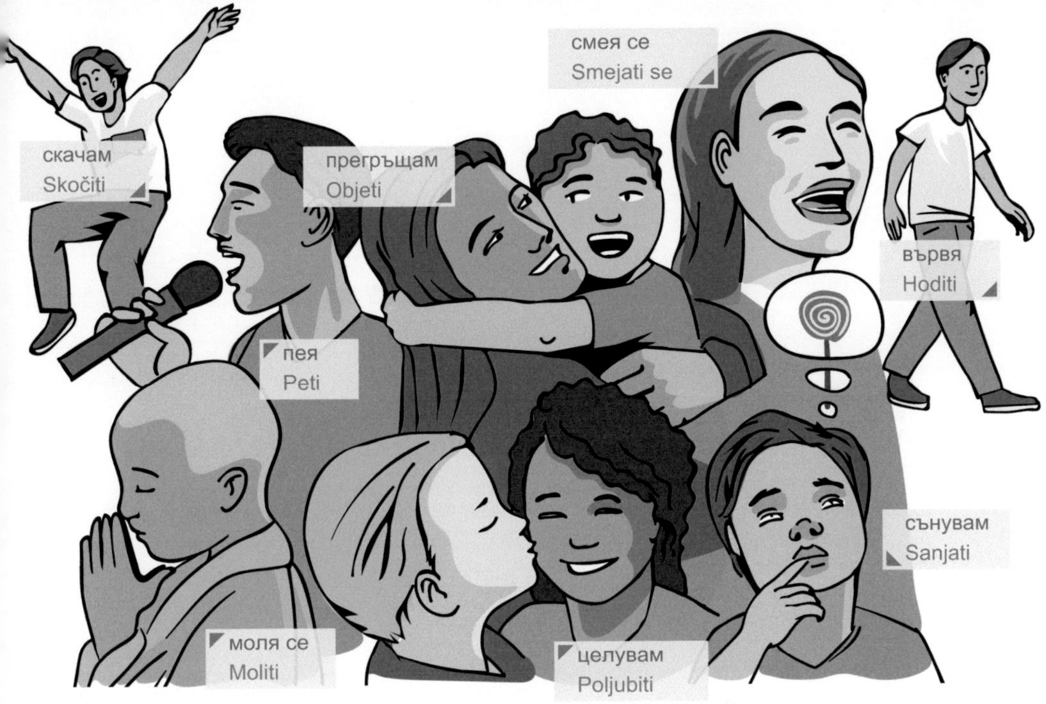

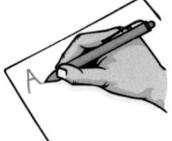

пиша

Pisati

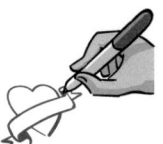

рисувам

Risati

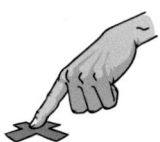

показвам

Pokazati

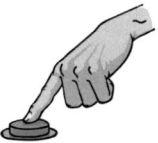

бутам

Potisniti

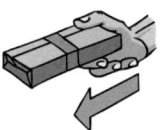

давам

Dati

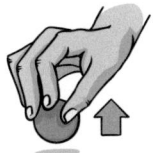

взимам

Vzeti

имам

Imeti

правя

Narediti

съм

Biti

стоя

Stati

тичам

Teči

дърпам

Vleči

хвърлям

Vreči

падам

Pasti

лежа

Ležati

чакам

Čakati

нося

Nositi

седя

Sedeti

обличам

Obleči se

спя

Spati

събуждам се

Zbuditi se

разглеждам

Gledati

плача

Jokati

милвам

Božati

реша се

Česati se

говоря

Govoriti

разбирам

Razumeti

питам

Vprašati

слушам

Poslušati

пия

Piti

ям

Jesti

разтребвам

Pospraviti

обичам

Ljubiti

готвя

Kuhati

карам автомобил

Voziti

летя

Leteti

плавам (с платна)

Jadrati

смятане

Računanje

чета

Brati

уча

Učiti se

работя

Delati

женя се

Poročiti se

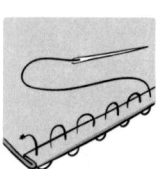

шия

Šivati

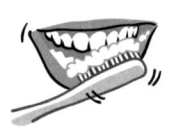

измивам си зъбите

Ščetkati si zobe

убивам

Ubiti

пуша

Kaditi

изпращам

Poslati

семейство
Družina

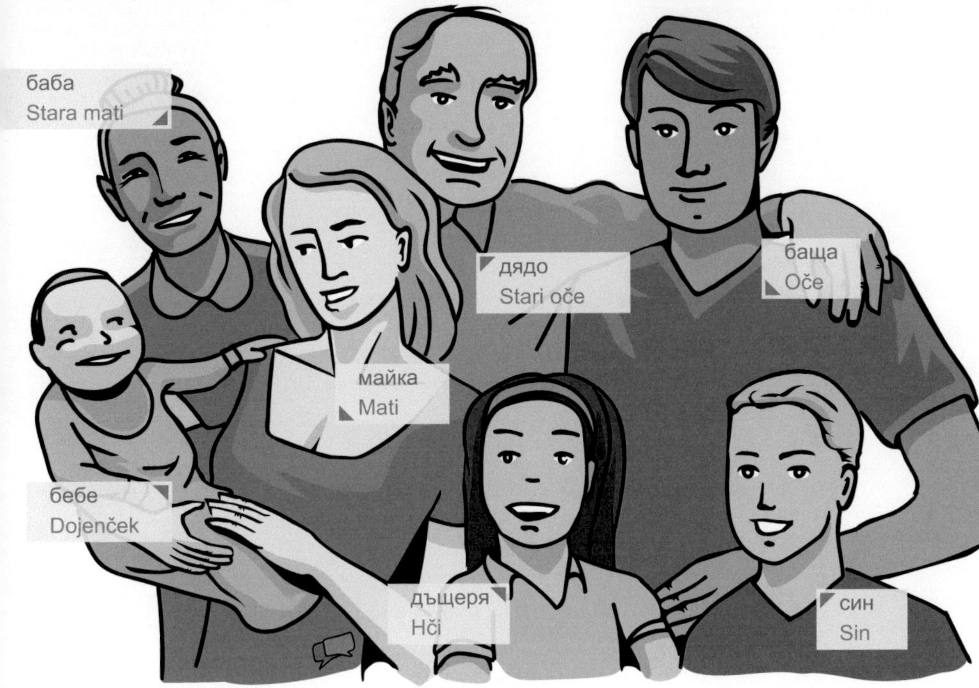
баба
Stara mati
дядо
Stari oče
баща
Oče
майка
Mati
бебе
Dojenček
дъщеря
Hči
син
Sin

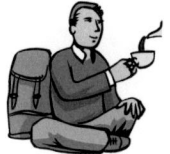

посетител

Gost

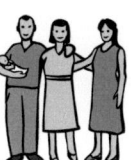

леля

Teta

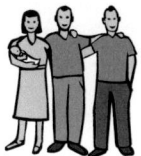

чичо

Stric

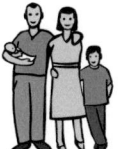

брат

Brat

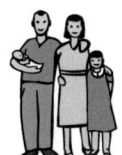

сестра

Sestra

тяло
Telo

чело
Čelo
око
Oko
рамо
Rama
пръст
Prst
лице
Obraz
брадичка
Brada
ръка
Dlan
гърди
Prsi
крак
Noga
ръка
Roka

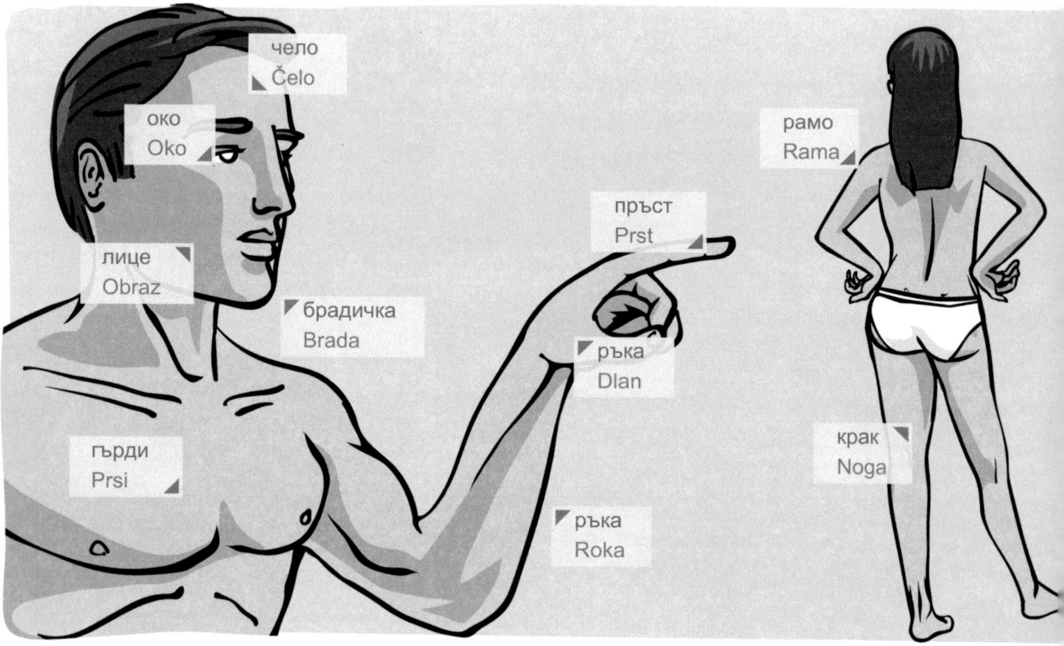

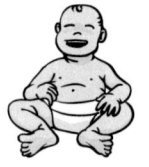

бебе

Dojenček

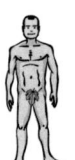

мъж

Človek

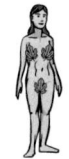

жена

Ženska

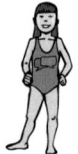

момиче

Dekle

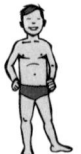

момче

Fant

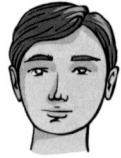

глава

Glava

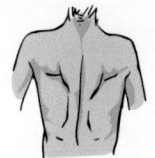

гръб

Hrbet

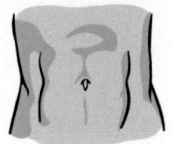

корем

Trebuh

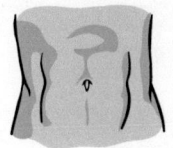

пъп

Popek

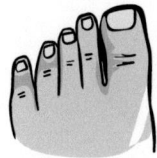

пръст на крака

Prst na nogi

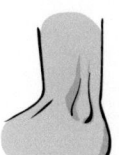

пета

Peta

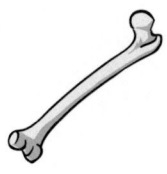

кост

Kost

хълбок

Kolk

коляно

Koleno

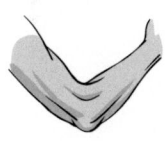

лакът

Komolec

нос

Nos

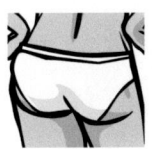

седалище

Zadnjica

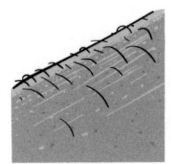

кожа

Koža

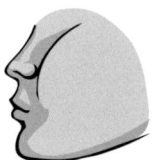

буза

Lice

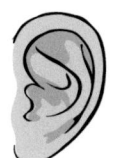

ухо

Uho

устна

Ustnica

уста

Usta

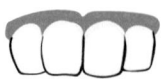

зъб

Zob

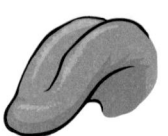

език

Jezik

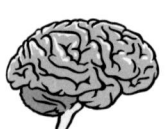

мозък

Možgani

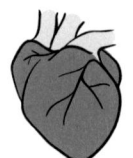

сърце

Srce

мускул

Mišica

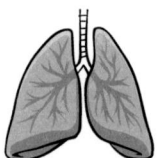

бял дроб

Pljuča

черен дроб

Jetra

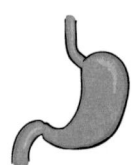

стомах

Želodec

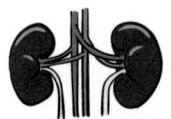

бъбреци

Ledvice

полово сношение

Spolni odnos

кондом

Kondom

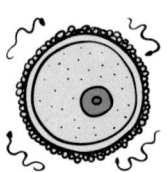

яйцеклетка

Jajčece

сперма

Semenska tekočina

бременност

Nosečnost

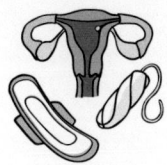

менструация

Menstruacija

вагина

Vagina

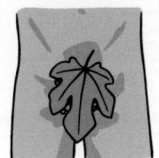

пенис

Penis

вежда

Obrv

коса

Lasje

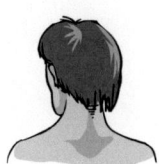

шия

Vrat

болница
Bolnišnica

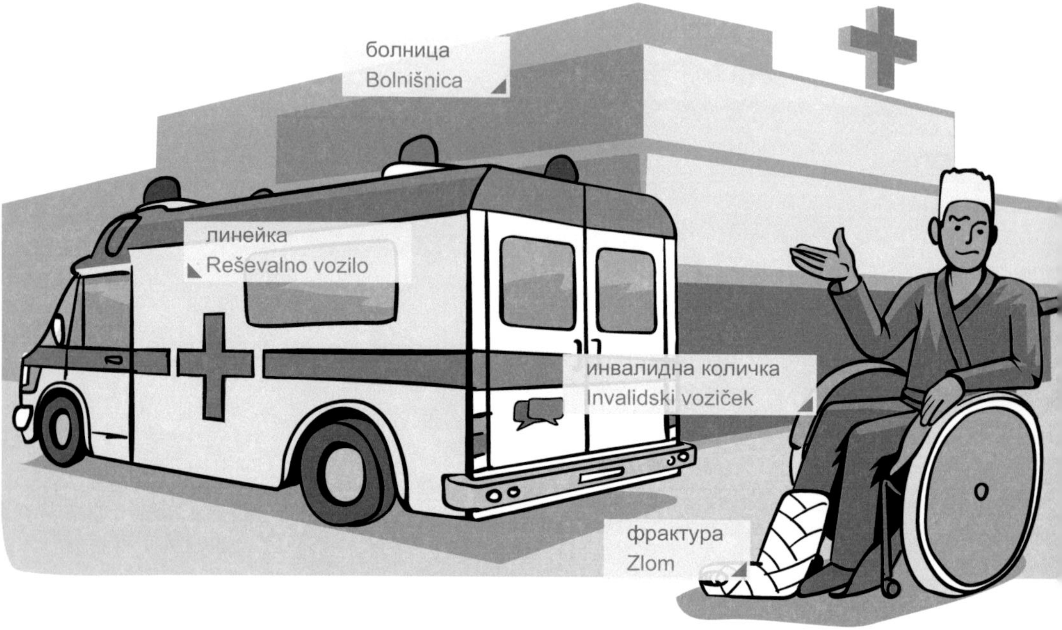

болница
Bolnišnica
линейка
Reševalno vozilo
инвалидна количка
Invalidski voziček
фрактура
Zlom

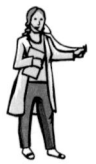

лекар

Zdravnik

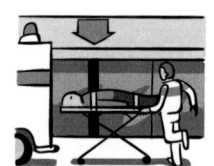

спешна хоспитализация

Urgenca

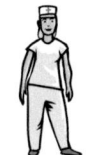

медицинска сестра

Medicinska sestra

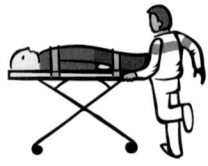

спешен случай

Nujni primer

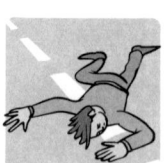

в безсъзнание

Nezavesten

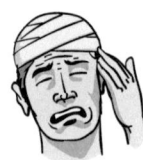

болка

Bolečina

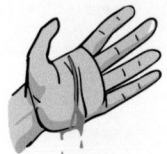

нараняване

Poškodba

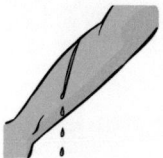

кървене

Krvavenje

инфаркт

Srčni infarkt

инсулт

Kap

алергия

Alergija

кашлица

Kašelj

температура

Vročina

грип

Gripa

диария

Driska

главоболие

Glavobol

рак

Rak

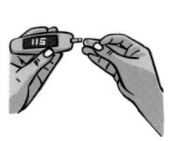

диабет

Sladkorna bolezen

хирург

Kirurg

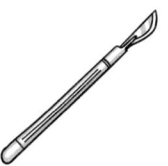

скалпел

Skalpel

операция

Operacija

компютърна томография

CT

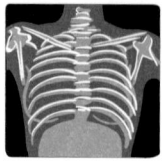

рентген

Rentgen

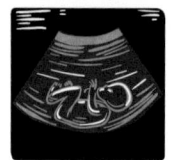

ултразвук

Ultrazvok

маска

Obrazna maska

болест

Bolezen

чакалня

Čakalnica

патерица

Bergla

пластир

Obliž

превръзка

Preveza

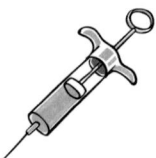

инжекция

Injekcija

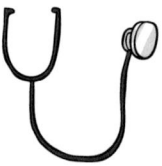

стетоскоп

Stetoskop

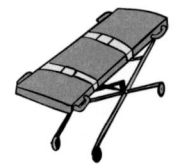

носилка

Nosila

термометър

Klinični termometer

раждане

Porod

наднормено тегло

Prekomerna teža

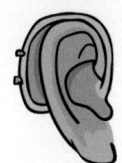

слухов апарат

Slušni pripomoček

дезинфекционно средство

Razkužilo

инфекция

Okužba

вирус

Virus

HIV / AIDS

HIV / AIDS

медицина

Medicina

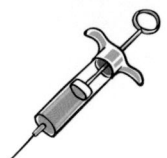

ваксинация

Cepljenje

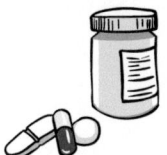

таблети

Tablete

противозачатъчна
таблетка
Tableta

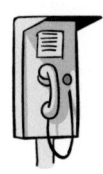

спешно телефонно
обаждане
Klic v sili

апарат за измерване на
кръвното налягане

Merilnik krvnega tlaka

болен / здрав

bolano / zdravo

Помощ!

Na pomoč!

сигнал за тревога

Alarm

нападение

Napad

атака

Napad

опасност

Nevarnost

авариен изход

Izhod v sili

Пожар!

Gori!

пожарогасител

Gasilni aparat

злополука

Nezgoda

комплект за оказване на
първа помощ

Komplet za prvo pomoč

SOS

SOS

полиция

Policija

Европа

Evropa

Северна Америка

Severna Amerika

Южна Америка

Južna Amerika

Африка

Afrika

Азия

Azija

Австралия

Avstralija

Атлантически океан

Atlantski ocean

Тихи океан

Tihi ocean

Индийски океан

Indijski ocean

Южен ледовит океан

Južni ocean

Северен ледовит океан

Arktični ocean

Северен полюс

Severni tečaj

Южен полюс

Južni tečaj

Антарктида

Antarktika

Земя

Zemlja

суша

Kopno

море

Morje

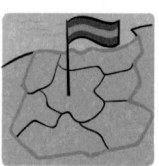

остров

Otok

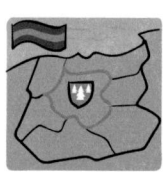

нация

Narod

държава

Država

циферблат

Številčnica

стрелка на часовете

Urni kazalec

стрелка на минутите

Minutni kazalec

стрелка на секундите

Sekundni kazalec

Колко е часът?

Koliko je ura?

ден

Dan

време

Čas

сега

Zdaj

дигитален часовник

Digitalna ura

минута

Minuta

час

Ura

понеделник
Ponedeljek

сряда
Sreda

петък
Petek

вторник
Torek

четвъртък
Četrtek

събота
Sobota

неделя
Nedelja

вчера

Včeraj

днес

Danes

утре

Jutri

сутрин

Jutro

обед

Poldne

вечер

Večer

MO	TU	WE	TH	FR	SA	SU
1	2	3	4	5	6	7
8	9	10	11	12	13	14
15	16	17	18	19	20	21
22	23	24	25	26	27	28
29	30	31	1	2	3	4

работни дни

Delovni dnevi

MO	TU	WE	TH	FR	SA	SU
1	2	3	4	5	6	7
8	9	10	11	12	13	14
15	16	17	18	19	20	21
22	23	24	25	26	27	28
29	30	31	1	2	3	4

уикенд

Konec tedna

дъжд
Dež

дъга
Mavrica

вятър
Veter

сняг
Sneg

пролет
Pomlad

есен
Jesen

лято
Poletje

зима
Zima

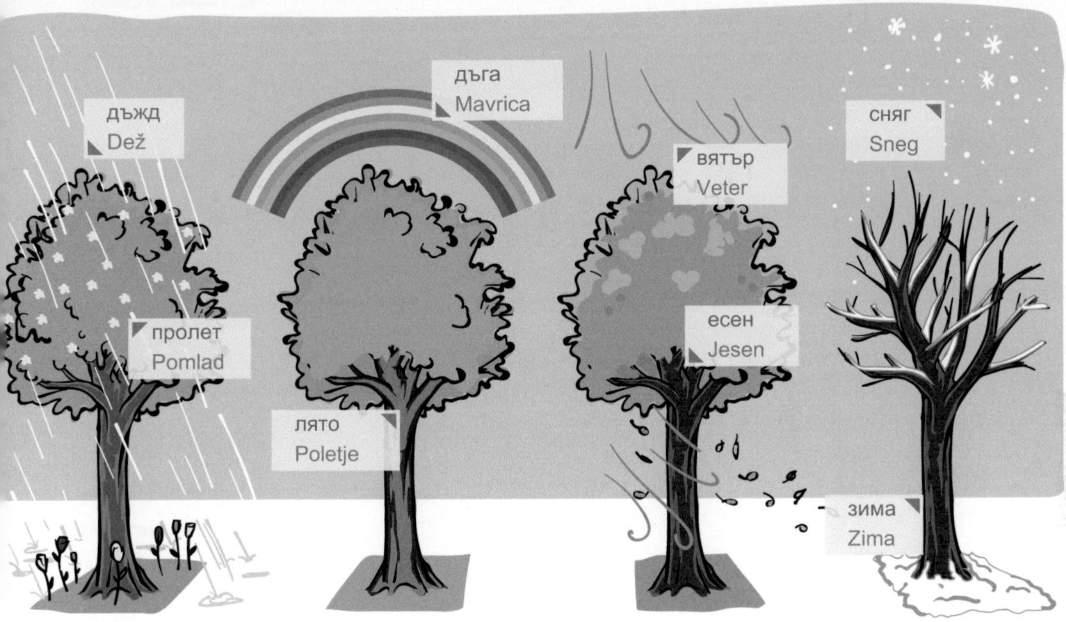

прогноза за времето

Vremenska napoved

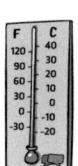

термометър

Termometer

слънчева светлина

Sončna svetloba

облак

Oblak

мъгла

Megla

влажност на въздуха

Vlažnost

светкавица

Strela

гръмотевица

Grom

буря

Nevihta

градушка

Toča

мусон

Monsun

наводнение

Poplava

лед

Led

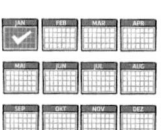

януари

Januar

февруари

Februar

март

Marec

април

April

май

Maj

юни

Junij

юли

Julij

август

Avgust

септември

September

октомври

Oktober

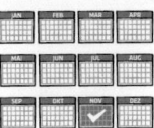

ноември

November

декември

December

кръг

Krogla

квадрат

Kvadrat

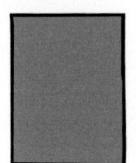

четириъгълник

Pravokotnik

триъгълник

Trikotnik

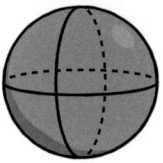

сфера

Krogla

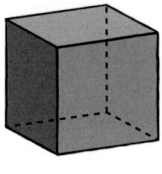

куб

Kocka

бял

Bela

жълт

Rumena

оранжев

Oranžna

розов

Rožnata

червен

Rdeča

лилав

Vijolična

син

Modra

зелен

Zelena

кафяв

Rjava

сив

Siva

черен

Črna

много / малко

veliko / malo

ядосан / спокоен

jezno / umirjeno

красив / грозен

lepo / grdo

начало / край

začetek / konec

голям / малък

veliko / majhno

светъл / тъмен

svetlo / temno

брат / сестра

brat / sestra

чист / мръсен

čisto / umazano

пълен / непълен

popolno / nepopolno

ден / нощ

dan / noč

мъртъв / жив

mrtvo / živo

широк / тесен

široko / ozko

ядлив / неядлив

užitno / neužitno

сърдит / любезен

zlobno / prijazno

развълнуван / скучаещ

vznemirjeno / zdolgočaseno

дебел / тънък

debelo / vitko

най-напред / най-накрая

prvo / zadnje

приятел / враг

prijatelj / sovražnik

пълен / празен

polno / prazno

твърд / мек

trdo / mehko

тежък / лек

težko / lahko

глад / жажда

lakota / žeja

болен / здрав

bolano / zdravo

нелегален / легален

nezakonito / zakonito

интелигентен / глупав

pametno / neumno

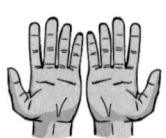

ляво / дясно

levo / desno

близо / далече

blizu / daleč

нов / употребяван

novo / rabljeno

нищо / нещо

nič / nekaj

стар / млад

staro / mlado

вкл. / изкл.

vklopljeno / izklopljeno

отворен / затворен

odprto / zaprto

тих / силен (звук)

tiho / glasno

богат / беден

bogato / revno

правилен / погрешен

prav / narobe

грапав / гладък

grobo / gladko

тъжен / щастлив

žalostno / veselo

дълъг / къс

kratko / dolgo

бавен / бърз

počasi / hitro

мокър / сух

mokro / suho

топъл / студен

toplo / hladno

война / мир

vojna / mir

0

нула

Ničla

1

едно

Ena

2

две

Dva

3

три

Tri

4

четири

Štiri

5

пет

Pet

6

шест

Šest

7

седем

Sedem

8

осем

Osem

9

девет

Devet

10

десет

Deset

11

единадесет

Enajst

12

дванадесет

Dvanajst

13

тринадесет

Trinajst

14

четиринадесет

Štirinajst

15

петнадесет

Petnajst

16

шестнадесет

Šestnajst

17

седемнадесет

Sedemnajst

18

осемнадесет

Osemnajst

19

деветнадесет

Devetnajst

20

двадесет

Dvajset

100

сто

Sto

1.000

хиляда

Tisoč

1.000.000

милион

Milijon

английски

Angleščina

американски английски

Ameriška angleščina

китайски мандарин

Mandarinščina

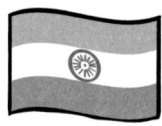

хинди

Hindujščina

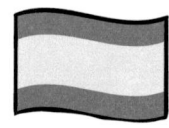

испански

Španščina

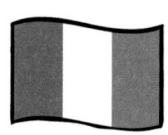

френски

Francoščina

арабски

Arabščina

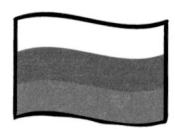

руски

Ruščina

португалски

Portugalščina

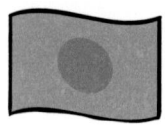

бенгалски

Bengalščina

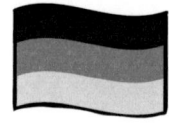

немски

Nemščina

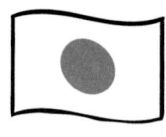

японски

Japonščina

аз

Jaz

ти

Ti

той / тя / то

On / ona / tisto

ние

Mi

вие

Vi

те

Oni

кой?

Kdo?

какво?

Kaj?

как?

Kako?

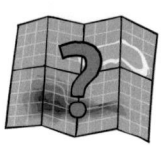

къде?

Kje?

кога?

Kdaj?

име

Ime

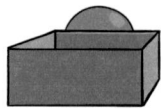

зад

Zadaj

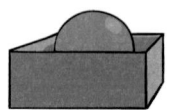

в

V

пред

Pred

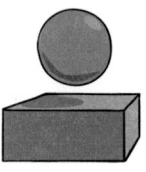

над

Nad

върху

Na

под

Pod

до

Poleg

между

Med

място

Kraj